DO PT DAS LUTAS SOCIAIS
AO PT DO PODER

Conselho Acadêmico
Ataliba Teixeira de Castilho
Carlos Eduardo Lins da Silva
José Luiz Fiorin
Magda Soares
Pedro Paulo Funari
Rosângela Doin de Almeida
Tania Regina de Luca

Proibida a reprodução total ou parcial em qualquer mídia
sem a autorização escrita da editora.
Os infratores estão sujeitos às penas da lei.

A Editora não é responsável pelo conteúdo da Obra,
com o qual não necessariamente concorda. O Autor conhece os fatos narrados,
pelos quais é responsável, assim como se responsabiliza pelos juízos emitidos.

Consulte nosso catálogo completo e últimos lançamentos em **www.editoracontexto.com.br**.

DO PT DAS LUTAS SOCIAIS AO PT DO PODER

José de Souza Martins

Copyright © 2016 do Autor

Todos os direitos desta edição reservados à
Editora Contexto (Editora Pinsky Ltda.)

Montagem de capa e diagramação
Gustavo S. Vilas Boas

Preparação de textos
Tatiana Borges Malheiro

Revisão
Ana Paula Luccisano

Dados Internacionais de Catalogação na Publicação (CIP)
Angélica Ilacqua CRB-8/7057

Martins, José de Souza
  Do PT das lutas sociais ao PT do poder / José de Souza Martins. – 1. ed., 1ª reimpressão. – São Paulo : Contexto, 2016.
  256 p.

  ISBN: 978-85-7244-946-5

  1. Política e governo – Brasil – História 2. Partido dos Trabalhadores (Brasil) 3. Sociologia I. Título

16-0026   CDD-320.981

Índice para catálogo sistemático:
1. Política – Brasil – História

2016

Editora Contexto
Diretor editorial: *Jaime Pinsky*

Rua Dr. José Elias, 520 – Alto da Lapa
05083-030 – São Paulo – SP
PABX: (11) 3832 5838
contexto@editoracontexto.com.br
www.editoracontexto.com.br

*À memória de
dom Jorge Marcos de Oliveira,
primeiro bispo de Santo André,
artífice da ascensão política
do operariado do ABC.*

Sumário

INTRODUÇÃO 11

O FUTURO VISTO NO PASSADO (2002) 23
    O triunfo do subúrbio 24
    Lula e o ABC operário 29
    A política em tempos de esperança 37
    Digamos que estamos apenas fritos 53
    Lula reaviva sebastianismo 62
    Uma dupla gestação 67

A ARCA DE NOÉ NO LAGO PARANOÁ (2003-2005) 71
    Os bichos de confiança na arca de Noé 72
    Os primeiros 90 dias 75
    O risco da mixórdia agrária 81
    A República por baixo do pano 84
    A República entre o barrete frígio e o boné 88
    A resposta aos infiéis depositários da esperança 91
    As veias abertas da Quinta República 94
    A solidão de Lula 97
    A ordem sem progresso e a corrupção 101
    A solidão do cidadão Nildo 104

ENTRE O ROSÁRIO E O CAVIAR (2006) 109
    A fé e a política à beira do rio 110
    A ala católica petista: crise e consequências 113
    Contradições da missão profética da Igreja 116
    O PT, o sociólogo, a cenoura, o caviar 119
    O principal cassado da crise 122
    Bolsa Família para libertar Lula do MST 125
    O empresário do protesto e seu exército 129
    A senadora e seu socialismo bíblico 133
    O segredo de Lula está na alma do povo 137

O NOVO PT DO VELHO PODER (2007) 141
    Forte nas urnas, fraco na política: eis o novo PT 142
    O presidente acusa o golpe 145
    Estado doente, sociedade enferma 149
    Santos de pau oco da política 153
    A cara do Brasil no espelho das urnas 157

A REINVENÇÃO DOS DOIS BRASIS (2008-2009) 161
    Ainda os dois Brasis 162
    Brasil, país de investimentos 166
    A classe média e conformada 169
    A derrota por trás da vitória 172
    O ano novo do brasileiro 175
    Banalização do sagrado e da política 178
    O imaginário oculto e 2010 181
    A mutilação do Estado brasileiro 184
    Paixão e razão na política brasileira 187
    E o general Golbery, afinal, não se enganou 190
    Eis a depuração? 193

O FIM DO PROLETARIADO MÍTICO (2009-2015) 197

    Os "carolas" do ABC 198
    Nas urnas, o confronto de mentalidades 201
    Rei morto, rei posto 204
    Vice-presidentismo 207
    Mínimo de palanque 210
    Opção pelo emergente 213
    Sigilos que nos governam 216
    Ficha limpa e política suja 219
    Voto-desalento 222
    Maquiavel em versão de província 225
    O "ismismo" na UTI 228
    Impasse na terra 231
    De mãos lavadas 234
    A pauta escamoteada 237
    Pela entrada social 240
    Revolta do vintém 243
    Incertezas da hora 246
    O povo brasileiro 249

O AUTOR 255

Introdução

> *"Desde 1789, com a Revolução Francesa,
> a esperança esteve abrigada na esquerda.
> A esperança é agora um desabrigado [...]"*
>
> George Steiner (2007)

A compreensão da crise brasileira passa pelo reconhecimento de que essa é uma crise cuja explicação é em parte externa ao Partido dos Trabalhadores (PT), no poder desde 2003, pois reflete a problemática organização política da Constituição de 1988. Mas é uma crise que decorre, também, do conjunto de contradições internas do Partido, que lhe deram origem e vida, o muniram de uma concepção de poder e de povo e o colocaram no centro do processo político brasileiro. É necessário considerar, ainda, os diferentes âmbitos de causação da crise, tanto os mais remotos quanto os mais conjunturais. O cenário de fundo das ocorrências relativas ao momento petista do nosso regime republicano é o dos fatos políticos que aqui ganhariam sentido com o fim da Guerra Fria, o de sua repercussão no surgimento de uma nova mentalidade política e na formação de partidos políticos de novo e diferente perfil. É o momento da emergência dos movimentos sociais como manifestação e núcleo de identidade dos novos sujeitos políticos da sociedade brasileira, libertados pela ruptura social e política decorrente desse evento geopolítico que, de diferentes modos, afetou a realidade de muitos países.

No caso brasileiro, a ruptura teve início antes da queda do muro de Berlim, em 1989, com a crise da ditadura, ela própria um dos produtos da Guerra Fria. E, também, com as manifestações das oposições ao regime em favor de uma nova ordem política, que culminaria com o fim da ditadura militar em 1985. O surgimento do PT, em 1980, ainda no quadro da polarização ideológica capitalismo-comunismo, já expressava, no entanto, o advento da nova ordem mundial, ainda que nos quadros mentais da cultura da polarização dicotômica entre direita e esquerda. A nova realidade política pautada não por novas categorias interpretativas, mas por aquelas da realidade que perecia. Um caso de falsa consciência e mesmo de demora cultural, como diziam antigamente os antropólogos para situar e explicar as mudanças sociais não compreendidas por seus próprios agentes. É por aí que se entende que o PT tenha inventado sua própria "direita" para continuar decifrando a política no marco obsoleto da Guerra Fria, historicamente superada: definiu como "de direita" todos os partidos e todas as pessoas que não estivessem alinhados com o petismo. Autoproclamou-se "a esquerda" sem sê-lo, aglutinação e síntese que veio a ser de diferentes grupos políticos, em boa parte, no passado, eram pela esquerda definidos como de direita. É o caso dos grupos religiosos, dos grupos de classe média e das populações de pequenos agricultores hoje definidos como camponeses.

Essa polarização se revelaria falsa no decorrer das décadas seguintes, com a esquerda agindo como direita e a direita empalmando causas da esquerda. Mais do que um partido do novo sistema, o PT, aí gestado, foi, sobretudo, um dos últimos partidos, se não o último, da velha polarização ideológica da Guerra Fria. O partido que no governo terá que cumprir as tarefas de uma nova e diferente realidade política, sem nenhum sentido no quadro de referência da polarização moribunda. A crise do PT do poder pode ser compreendida à luz desse fardo e desse viés.

Como ocorreu em outras regiões do mundo, ainda que de modo diferente, especialmente no Oriente, onde o islamismo veio para o centro da ação política, na América Latina também as religiões emergiram como referência ideológica de uma nova concepção de política distanciada da tradição republicana da laicidade. Acabaram preenchendo o vazio de modernidade decorrente de uma consciência política em descompasso com a nova situação social. Tentavam ver o presente à luz do passado, e não à luz do possível. No Brasil, em particular, foi intensa a função da Igreja Católica, *aggiornata* ao influxo do Concílio Vaticano II (1962-1965), no preenchimento da anomia decorrente do fim da polarização ideológica entre EUA e União Soviética. O fim do dualismo político intensificou a fragmentação da esquerda e abriu a brecha tanto para a infiltração religiosa no esquerdismo quanto para a infiltração ideológica nas religiões, sobretudo na católica. Hoje, é impossível pensar e interpretar a política na América Latina fora do marco das religiões, e mesmo da disputa entre religiões. A ressacralização do mundo é agora um fato político em direção oposta à tendência histórica consagrada nas interpretações correntes. Para nós, o curso da história não se deu apenas em direção ao desencantamento do mundo, como supunha Max Weber, mas também na direção contrária, ao mesmo tempo.

O PT nasce como um dos mais importantes resultados dessa grande e significativa transformação política (e religiosa). Ainda que a maior parte dos petistas que dominam o partido, em suas várias correntes, não possa dizer, em sã consciência, que professa uma religião, a imensa maioria dos que não o dominam, mas nele estão ou com ele se identificam, é culturalmente religiosa. Por aí, cúpula e base se diferenciam e até se estranham.

Informada por essas determinações históricas, a crise do PT expressa a fragmentação ideológica do partido em direção a uma diversidade de concepções do que são os novos sujeitos na cena do processo político brasileiro. E mesmo em relação às possibilidades políticas de grupos sociais aprisionados historicamente nos limites da ordem, isto é, do processo mais de reiteração social do que de transformação da sociedade. Ou de transformação regulada pela prevalência do já existente e, nesse sentido, um partido vitimado pela clássica característica da política brasileira: a de mudar tudo para basicamente manter tudo como estava, a célebre consigna do personagem de Giuseppe Tomasi di Lampedusa, em *O leopardo*. Ou mudar na superfície e no superficial, o que dá na mesma.

O PT foi o único partido político brasileiro a se propor como mediação e elo dessa diversidade frequentemente desencontrada. Mas foi mediação problemática, pois dominada pelo princípio do hegemonismo, sem consistente competência para traduzir a diversidade da práxis numa doutrina da transformação social compatível com o que é sociologicamente próprio dos diferentes grupos que o compõem.

Tendo em conta essa referência de fundo, três fatores se combinaram para gerar o quadro conjuntural da crise que marcará a história e o destino do Partido dos Trabalhadores no poder. De um lado, a pedagogia do baixo clero de assessores dos movimentos sociais e das organizações populares, formadores dos constituintes e do suporte mais significativo da irresistível ascensão política do partido. Embora não o reconheçam, eles têm falado em nome de valores da tradição conservadora – a família, a agricultura familiar, a propriedade privada da terra para os pobres, a religião, o profetismo católico, a concepção artesanal do trabalho e da produção, a resistência ao dinheiro e ao capital –, culturalmente conservadores e porta-vozes do humanismo da tradição conservadora, portanto. O que quer dizer que, nesses valores, distanciam-se do que presumem ser o que é próprio das transformações sociais profundas. Em certo sentido, isso é pensar a revolução social como restauração e retorno a um tempo mítico de fartura e felicidade.

Porque não tivessem consciência disso ou porque repudiassem semelhante identidade, conceberam-se e apresentaram-se à opinião popular como ideologicamente de esquerda, e mesmo socialistas. No PT, a única voz que se ergueu, em várias ocasiões, especialmente nos últimos anos de seu mandato, para negar essa identidade, foi a de Lula. Tais assessores e ideólogos geraram, na massa de seus ouvintes e seguidores, expectativas de mudança social desencontradas com as possibilidades históricas objetivas que se abriam para o partido, já agora como partido do poder. Os supostos teóricos dessa alternativa partidária, mesmo os da Igreja, não se deram ao trabalho de examinar a utopia do retorno à idade de ouro dos pobres, dialeticamente, como forma de consciência social que expressa uma possibilidade política tolhida por sua historicidade. Portanto, como legítimo fundamento imaginário de carências radicais de mudança social, inatendíveis nos parâmetros próprios da modernidade.

A opção utópica e profética que os alimentava na política, e alimentava seus doutrinados e seguidores, foi radicalmente negada numa opção preferencial pelos pobres que se revelou, substancialmente, pretexto para a opção preferencial pelo poder e por aquilo que o poder possibilita. Incorporaram à perspectiva do seu entendimento da realidade desdobramentos do sistema de valores do conservadorismo, especialmente a negação da Ciência e da objetividade científica, substituindo-as por uma ideologia do negativo, a visão do outro e do mundo como no negativo do que diziam ser e gostariam de ter sido. O que empobreceu as possibilidades de compreensão de sua própria práxis, da negação propriamente dita e da negação da negação, isto é, as superações e transformações sociais. Faltou-lhes o elo sociológico do desvendamento do que faziam sabendo e não sabendo o que fazem. Faltou-lhes a compreensão sociológica da contradição entre a consciência ingênua e a prática que, antes de transformar social e politicamente, repete e reproduz as determinações estruturais da ordem e da própria mudança. Aquilo que indica o que necessariamente permanece na estrutura da sociedade, apesar das intenções transformadoras e das turbulências sociais, e que indica os limites e as possibilidades da mudança social e política. Mesmo as revoluções se dão no marco de certa ordem social, cujas contradições as alimentam. Em nosso caso negadas, mais ainda, na ação de um partido que, historicamente, foi destinado a reformar para corrigir injustiças sociais tópicas e relativamente recentes. O PT aprisionou-se nesse limite. Nesse sentido, é ele muito mais um partido da ordem e do poder do que propriamente um partido da revolução social e política. Não foi por acaso que o grande capital subscreveu a confissão político-eleitoral do partido, em 2000, o *Manifesto ao povo brasileiro*.

O tempo histórico que rege nosso processo político, constituído pela idealização de um passado fantasioso, nunca foi compreendido nem pelo PT, nem pelos demais partidos políticos brasileiros, protagonistas de cópias malfeitas de ideologias decorrentes de outras situações históricas. Boa parte da pobreza política brasileira vem da incompreensão desse tempo regulador.

Diversamente do que entenderam grupos populares tutelados pela Comissão Pastoral da Terra (CPT) e pelo Movimento dos Trabalhadores Rurais Sem-Terra (MST), duas decisivas referências da vitalidade do partido, o PT não recebeu o mandato de refazer a história do Brasil desde o dia em que Pedro Álvares Cabral arribou à costa da Bahia, em 1500. Por mais simplista que tal presunção pareça, tem sido essa a pedagogia desses agentes do refazimento da interpretação do Brasil. Tiveram um momento emblemático na celebração oficial da descoberta do país, em abril de 2000, quando até mesmo interromperam a missa solene celebrada pelo legado papal, o cardeal Angelo Sodano, em Porto Seguro, exigindo da Igreja um pedido de perdão aos índios por sua escravização no período colonial. Foi preciso que o celebrante lhes explicasse que, por mais lamentáveis, os fatos históricos produzem efeitos e mudanças no curso da vida coletiva, os dos fatos consumados, independentemente do que a respeito pensam os de hoje, e não há como revogá-los. O cardeal poderia ter-lhes dito ainda, e não disse, que a Igreja que agora celebrava a missa comemorativa já não era a Igreja do missionarismo colonial de conversão nem era a Igreja subjugada pelo trono e, portanto, já não era a Igreja a serviço da empresa colonial econômica, política e religiosa. Poderia dizer com Karl Marx, e certamente nunca diria, que o peso de todas as gerações mortas oprime como um pesadelo a consciência dos vivos. Perdão, nesse sentido, só é real e verdadeiro quando a vítima está em condições de perdoar quem o pede, porque vive a possibilidade de superação do que a vitimou. E não é esse o caso: os milhares de indígenas do que é hoje o território brasileiro sucumbiram às doenças transmitidas pelos brancos e ao cativeiro que lhes foi imposto em nome da fé e da conquista ou se diluíram na miscigenação que nos fez o povo que somos. Perdemos o que já não somos e ganhamos o que somos. É assim que a história se processa. Podemos lamentar o modo violento como a história se processou, mas não temos como desconhecer e reconhecer o nós que dela resultou.

O PT adotou uma fatal e antipatriótica pedagogia política maniqueísta que, ideologicamente, dividiu o Brasil em dois grandes países antagônicos e inconciliáveis. Convenceu seus eleitores de que o povo brasileiro é um povo separado em duas populações: de um lado, a dos ricos e poderosos que há 500 anos oprimem e exploram o povo, massa de privilegiados que abrange todos aqueles que não são petistas; de outro lado, a massa dos pobres e oprimidos, supostamente há cinco séculos explorados e dominados, que são os que presumivelmente se identificam com o PT e nele votam. Mesmo os abonados e amplos setores da classe média, como é o caso dos muitos funcionários públicos que a ele se ligaram. Adotou o partido, na pedagogia de sua crença política, e adotaram seus seguidores, uma simplificadora concepção de Brasil, na qual eles próprios não se enquadram.

Na verdade, há nessa concepção estereotipada do país grande e deplorável desconhecimento da história brasileira e um didatismo enganador que foram fatores de bloqueio da consciência crítica dos petistas. Consciência que lhes teria permitido verem-se e entenderem-se como sujeitos de contradições e expressões da tensão dialética que dá rumo ao processo histórico. Os petistas não compreenderam que não estão sozinhos na trama de decisões e ações que definem o destino de todos.

Não há dúvida de que no Brasil há muita e deplorável riqueza concentrada em poucas mãos e há também muita e deplorável pobreza distribuída em muitas vidas. Mas muitos dos ricos mais ricos estão ligados ao PT, como mostraram as apurações do mensalão e do escândalo da Petrobras. O que o PT nunca compreendeu é que os ricos, na tradição brasileira, estão em todas as partes, em todas as formas de expressão da vontade política. Como, de outro lado, os pobres não estão em lugar nenhum, confinados nos currais de manipulação de sua vontade política, o que o próprio PT faz na ausência de uma pedagogia de emancipação de seus constituintes. O Brasil tem rico de esquerda e pobre de direita. O que sugere uma usurpação política, já antiga, do pensamento e do querer populares. Uma peculiar contradição que se explica historicamente por nossas raízes sociais e culturais nas escravidões que tivemos, a indígena e a negra, formas distintas de exploração do trabalho dos dominados, mas também formas de usurpação cultural e de usurpação de sua vontade. O PT não escapou dessas determinações profundas e persistentes.

Não obstante, em seu favor, é preciso reconhecer que o protagonismo do Partido dos Trabalhadores expressa o modo peculiar como ocorre no Brasil, na época que ainda estamos vivendo, a ascensão política de extensos grupos e categorias sociais historicamente marginalizados. Aparentemente, o partido e, em especial, seus intelectuais tinham uma doutrina que situava essa população no âmbito das possibilidades históricas do país e nele a integrava para transformar a sociedade brasileira em uma sociedade efetivamente democrática, de todos, e não só de alguns. Onde os outros partidos haviam fracassado ao longo da história, o PT supostamente tinha uma fórmula de integração dos desvalidos que os faria protagonistas de democracia, de disseminação dos direitos sociais e da emancipação política de todos. No desenrolar da história e na fragilidade da interpretação, a fórmula foi sacrificada pelo afã de poder, não só dos dirigentes, mas também das bases.

É bem verdade que outros partidos políticos brasileiros, de esquerda e de centro-esquerda, também desenvolveram suas próprias fórmulas de ação política em favor da integração social dos simples, no mais das vezes através das oportunidades de trabalho e das oportunidades de educação, pensada esta não como técnica manipuladora de diplomação, mas, sobretudo, como meio de formação e de emancipação de cada um e de todos.

Há um segundo fator da crise do partido e do governo. Os diferentes grupos de interesse econômico e de poder das classes dominantes e das elites brasileiras e os intelectuais não se preocuparam com a necessidade histórica de pensar e de refazer o pacto político da nação para nele admitir como protagonistas políticos os novos sujeitos da República, nascidos das lutas fundadas no clamor por reformas sociais e políticas. Acharam que poderiam aliciar, seduzir e submeter através do PT o que Florestan Fernandes definiu, em situação idêntica, como os novos comensais da festa republicana. Acrescentando o partido ao rol dos credenciados a receber propinas e subornos e, assim, assegurar aos que de fato mandam o que é o benefício descabido do lucro extraordinário da corrupção. Tiveram êxito, mesmo quando se defrontaram com a disposição para a "corrupção altruísta" dos que entenderam que a propina para levar ao poder e nele manter um partido de esquerda não é condenável porque, em última instância, trata-se de "corrupção cívica" para favorecer os pobres, os que foram lesados ao longo dos séculos para viabilizar a acumulação originária de capital e o sistema de poder que agora oprime a todos.

Mas a suposta amoralidade do poder e do lucro não esperava defrontar-se com a moralidade da nova geração, não só a dos indóceis manifestantes de rua, mas especialmente a de altos funcionários da Justiça que, finalmente, se libertaram da subserviência prestativa comum no corpo funcional do Estado prebendário. Os que se assumiram como leais servidores do Estado, e não como serviçais dos partidos eventualmente no poder. Aqueles para os quais a lei é a lei.

O equívoco dos grupos e movimentos populares subjugados encontrou-se com o equívoco dos grupos de interesses do sistema econômico para gerar a catástrofe da crise política e da crise econômica. Ambos os lados desconheceram o terceiro fator de seus enganos. O poder invisível da trama política e do jogo político que regem vontades e desfiguram intenções até mesmo no limite de colocar no centro do poder o partido que não foi eleito para isso: o PMDB desgovernando o PT e impondo-lhe a chantagem da desfiguração dos propósitos utópicos, mergulhando-o na cegueira que o tornou vulnerável às tentações do poder pelo poder. O terceiro fator cimenta num bloco de poder a mediocridade das ambições desmedidas, da falta de lucidez política e da falta de um projeto de nação.

A crise que vem afastando do povo o Partido dos Trabalhadores pode ser interpretada a partir da rememoração de cada momento da trajetória do partido no poder, em dois mandatos do presidente Luiz Inácio e no mandato e pouco da presidente Dilma Rousseff. São os momentos da história da lenta sucessão de rupturas que definem sua desfiguração, momentos de como o poder estruturalmente vicioso se apoderou do partido que pensava dele se apoderar. Os acasos sucessivos da história do partido no poder constituem a matéria deste livro nas punções tópicas de que se compõe, para por meio delas propor uma compreensão sociológica de nossos limites políticos e de nossos impasses históricos. Portanto, é isso que aqui interessa, não propriamente o PT.

É claro que no centro desse processo está um protagonista épico, um Lula que na mediação do poder se transforma em Luiz Inácio para viver os padecimentos do duplo e dividido personagem de nosso imaginário político.[1] Algo que, de outro modo, acontecera com dom Pedro II e aconteceu com Getúlio Vargas. Uma espécie de sina que se dá a ver em personificações como essas, ritmando e demarcando o desenrolar de nossa história. A ação daquilo que se oculta por trás das pretensões de poder e que, no entanto, é a força que tece e destece a personificação do poder.

Meu intento é aqui analisar o presente como história, através da compreensão dos episódios que só agora, no fim provisório de um momento da história política, ganham sentido. Ainda que nas dificuldades de identificar no atual, nos embaralhamentos do nosso hoje, aquilo que é propriamente histórico no cotidiano. Na perspectiva do que subsistirá como referência de um momento da história, como aponta Eric Hobsbawm.[2] Aquilo que, na interpretação das análises sempre densas de Henri Lefebvre, avança sobre o historicamente possível.[3] E se contém em face do impossível, daquilo que nem mesmo chegou ao imaginário da sociedade, o que ainda não se propôs objetivamente como carência e consciência. O possível é o que nas contradições da práxis antecipa fragmentariamente os desdobramentos da história social e política no futuro próximo e mesmo o distante da atualidade, aquilo que atravessa a experiência do vivido como possibilidade histórica da ação, e não como fabulação, jogo e voluntarismo. Na práxis é que se desvenda o retardamento do atual em face do possível[4] (e de sua expressão no utópico), o que a sucessão de conjunturas foi indicando como marca dos impasses do PT. No fim das contas, o que analiso são as metamorfoses do atual, de suas descontinuidades. O atual é sempre a incerteza entre o que já não é e a memória de suas determinações e o que ainda não é e suas limitações, seus abismos. A reflexão e a análise aqui contidas se desenvolvem nesse tempo de consolidações e de prenúncios desconstrutivos. É, propriamente, o tempo da conjuntura e da análise de conjuntura.

As entrevistas que nesse período dei sobre o PT e Lula e meus artigos sobre o tema, dispersos em mais de dez anos de atividade jornalística, são textos de análise sociológica tópica da cambiante conjuntura política de seu mandato. A dos sucessivos momentos de ruptura entre o PT do poder e o PT da base, sobretudo o PT dos movimentos sociais e das bases religiosas, em especial a católica. Neles utilizo uma técnica de interpretação do processo político baseada na seleção de marcadores, como na Medicina os marcadores tumorais, que são indicadores de referência do próprio organismo do paciente para avaliar a evolução de seu estado de saúde. Também na Sociologia é possível escolher indicadores sociais estratégicos, na realidade observada, que permitam acompanhar a dinâmica social e verificar o quanto a realidade se afasta ou se aproxima de valores, normas e concepções que lhe são constitutivamente referenciais. Escolhi a CPT, o MST e a região industrial do ABC, em São Paulo, o berço do nascimento político de Lula e do PT. São referências contrapontísticas para avaliar quanto ações de partido e governo se aproximam e/ou se afastam de seus valores característicos.

Em termos sociológicos, neste livro reúno um conjunto de sucessivas análises de conjuntura. Propositalmente, são evidências de uma linha cronológica, a da compreensão que os fatos foram sucessivamente apontando e propondo, os dilemas e o inevitável recuo do partido, o seu progressivo ajustamento às razões de Estado e do tortuoso pacto político subjacente a essas razões. Portanto, ao falso pressuposto de que as razões do partido são sempre razões de Estado. À medida que um fato novo, nas alianças e orientações do governo, quebrava o modelo político de orientação ideológica dos movimentos e organizações populares alinhados com o PT, procurei inseri-lo no meu modelo de análise para compreender as mudanças de rumo do partido no governo e os crescentes desencontros que provocava com seus próprios apoios. Trata-se, em certa medida, de uma etnografia do poder e de uma sociologia das pequenas rupturas no ordenamento sempre provisório e transitório do mando político. Por trás dessas interpretações, há um método sociológico de análise de conjuntura, fácil de compreender. Em termos históricos, este é um livro sobre o condicionante passado do atual. Memória de equívocos e memória da incapacidade de ser crítico quando se está tolhido por esperanças milenaristas e impolíticas. Aquilo que nos trouxe aos dilemas deste agora de incertezas. Compreender esse quadro é um modo de buscar o caminho de uma nova realidade política.

É a situação que começa a se definir com o agravamento da crise, que dá ao país novos contornos políticos nas manifestações antipartidárias de rua de 2013 e ganha características reveladoras nas manifestações de adolescentes, no estado de São Paulo, em novembro e dezembro de 2015, contra a reorganização do ensino. Estamos entrando numa nova era, a do que poderá se chamar de "qualquerismo", isto é, a dominada pela figura do homem qualquer, o qualquer um, indiferençado, massificado e fragmentado.[5] O homem reduzido ao empenho de viver o agora, indiferente à ideia de destino coletivo, em conflito com as mediações da ação política. Na horizontalidade de sua visão de mundo, em relação de negação com os marcos de referência da história social, empenhado em refazer a história a partir da zerificação do processo histórico.

Notas

[1] Para um estudo pioneiro e denso sobre os rumos do PT, ver Peter Flynn, "Brazil and Lula, 2005: Crisis, Corruption and Change in Political Perspective", em *Third World Quarterly*, v. 26, n. 8, dec. 2005, pp. 1.221-67. A ruptura, em outra e completamente diversa perspectiva, foi tratada em época recente por dois sociólogos petistas, André Singer e Rudá Ricci. Ver André Singer, "Raízes sociais e ideológicas do lulismo", em *Novos Estudos Cebrap*, São Paulo, n. 85, nov. 2009, pp. 83-102; Rudá Ricci, *Lulismo: da era dos movimentos sociais à ascensão da nova classe média brasileira*, Belo Horizonte, Instituto Cultiva, 2009; Perry Anderson, "Lula's Brazil", em *London Review of Books*, v. 33, n. 7, 31 mar. 2011, pp. 3-12.

[2] Cf. Eric J. Hobsbawm, "O presente como história: escrever a história de seu próprio tempo", trad. Heloisa Buarque de Almeida, em *Novos Estudos Cebrap*, São Paulo, n. 43, nov. 1995, pp. 103-12.

[3] Cf. Henri Lefebvre, *Critique de la vie quotidienne*, Paris, L'Arche Éditeur, 1958, v. 1, pp. 243 ss.

[4] Cf. Henri Lefebvre, op. cit., pp. 264 e 266; Henri Lefebvre, *Une Pensée devenue monde*, Paris, Librairie Armand Fayard, 1980, pp. 215 ss.

[5] O *qualquerismo* é um fenômeno que entre nós parece esboçar-se com a crise política do Partido dos Trabalhadores e o esgotamento da polarização ideológica por ele representada e preconizada, como se viu a partir dos movimentos de rua iniciados em 2013. Num certo sentido, se assemelha ao movimento do "qualunquismo", que nasceu na Itália, em 1944, após a queda do fascismo, com o jornal *L'Uomo Qualunque*, entre a Democracia Cristã e o Partido Comunista. Era expressão da saturação do homem comum e cotidiano, o da maioria silenciosa, da pequena burguesia e de uma parte da burguesia, com as polarizações ideológicas do momento e expressão de um certo afã de viver o agora. Foi fundado pelo jornalista e dramaturgo Guglielmo Giannini e convertido em partido político, em 1946, em prol da revolução qualquerista. Declinou em 1948. Sobre o tema, ver o excelente programa de Massimo Bernardini, da RAI Storia – Televisão Italiana: <http://www.raistoria.rai.it/articoli/il-qualunquismo/31693/default.aspx>, acesso em: 27 dez. 2015, *Il Qualunquismo*, e nele esclarecedora explanação do historiador Francesco Perfetti, professor de História Contemporânea na Faculdade de Ciências Políticas da Libera Università Internazionale degli Studi Sociali "Guido Carli".

O futuro visto no passado (2002)

Muito antes de Lula ser quem é e de saber quem seria, a movimentação da Igreja Católica na região operária do ABC, em São Paulo, cujo bispo era dom Jorge Marcos de Oliveira, já projetava e construía o perfil de uma possível liderança sindical e até política de esquerda, anticomunista, baseada na grande tradição conservadora e nos pressupostos críticos e progressistas do personalismo do pensador católico francês Emmanuel Mounier. O dedo do destino ali traçado apontava na direção de um menino da Vila Carioca, que não sabia ser o escolhido. Nesse acaso, Lula já o era antes mesmo de o ser.

O triunfo do subúrbio

A eleição presidencial de 2002 despertou admiração e euforia dentro e fora do Brasil. É notável e insólito que um ex-operário metalúrgico, apoiado em votação consagradora, chegue à presidência da República. Apesar de Lula, o torneiro mecânico, estar longe dos tornos há umas três décadas, isso de modo nenhum anula o fato de que estamos em face do mais espetacular caso de ascensão social em toda a história do Brasil.

É verdade que a votação espetacular também teve seus limites. Dos eleitores inscritos, 54% não votaram em Lula, ou seja, 62,5 milhões em confronto com os cerca de 53 milhões de votos por ele recebidos. Tem mais gente contra ou em dúvida do que a favor. Mas, no imponderável que esse balanço indica, ninguém nega que seja ele o candidato a presidente que mais votos recebeu numa eleição na história republicana do país. Mesmo que se possa lembrar que a comparação só vale para o período que se inicia com a instituição do segundo turno.

Porém, um dos fatos mais interessantes desta eleição é o de que não só o eleito, mas também seu adversário, José Serra, procedem do subúrbio e do mesmo subúrbio da cidade de São Paulo. A sociedade suburbana, a mentalidade suburbana, as aspirações sociais suburbanas e a visão suburbana de mundo triunfaram amplamente nessa eleição e mostraram que há um novo Brasil, o Brasil suburbano que se levanta do chão e da margem da sociedade e se propõe como um dos novos e decisivos sujeitos políticos do país. Em silêncio e fora da pauta da luta de classes, o Brasil mudou. Não é o proletariado que se ergue politicamente, é o subúrbio, o lugar de chegada dos que transitam entre o Brasil atrasado e o Brasil moderno, o urbano subconstituído, inacabado e inacabável, o meio-termo, a transição.

O Lula que nós conhecemos não é, politicamente falando, um filho do sertão. É um filho do ABC operário, da São Bernardo industrial, da cultura operária moderna da segunda industrialização inaugurada nos tempos de JK. O Serra que perdeu a eleição é um filho do bairro industrial da Mooca, da cultura operária mais antiga da primeira industrialização, iniciada no final do século XIX e confirmada a partir dos anos 1920, mas sobretudo nos tempos do dr. Getúlio Vargas. Até hoje é possível, nos mapas eleitorais, observar uma faixa de comportamento político convergente, um tanto conservador, que une o Brás, o Tatuapé, o Belenzinho, a Mooca, de um lado, e São Caetano, Santo André, São Bernardo, de outro. Ainda é forte nesse território a cultura proletária católica, em parte inspirada na doutrina social de Leão XIII, na *Rerum Novarum* e em seus valores sociais. Nessa faixa, onde existiram nos anos 1930 as Società Doppo Lavoro, núcleos de cultura e lazer do Fascio, o catolicismo social venceu o comunismo, muito ativo numa região que já foi, proporcionalmente à população, o maior núcleo comunista da América do Sul.

Ambos os candidatos, filhos de trabalhadores, são também filhos expressivos e emblemáticos da ideologia formulada e difundida pelo senador Antônio da Silva Prado, da ascensão social lenta e gradual, fruto, como ele preconizava e dizia, em 1888, da morigeração, da sobriedade e do labor. Fruto, também, do encontro dessa ideologia com o novo catolicismo da era industrial, que começou a se distanciar do catolicismo senhorial de tempos precedentes. Na perspectiva desse encontro de valores, diferentemente do que se pensa e se diz nos dias de hoje, ser pobre não era uma virtude. Tampouco era um defeito. Era, sobretudo, um desafio à coragem, à vontade de trabalhar e à competência do próprio trabalhador. Nada de papinha na boca como se preconiza agora como solução para o que os sem fé dizem ser esta uma sociedade sem saídas.

Oswald de Andrade, em *O rei da vela*, e Jorge Andrade, em *Os ossos do barão*, com fino humor, ironizaram no teatro os enlaces matrimoniais de barões do café decadentes com as donzelas dos imigrantes enriquecidos, dos sem estirpe e sem linhagem, em busca de um lugar no mundo da tradição. Exageraram. Proporcionalmente, foram pouquíssimos os casos de consórcios com essa motivação. Mas no subúrbio esse encontro ocorreu de outro modo e com maior frequência. Os descendentes dos primeiros imigrantes italianos, especialmente do Vêneto pobre, chegados à então província de São Paulo, em 1877 e 1878, distribuídos por lotes de terra ruim na Fazenda de São Caetano e na Fazenda de São Bernardo, desapropriadas da Ordem de São Bento pelo governo imperial depois do fracasso agrícola, começaram a migrar e trabalhar nas fábricas. A indústria paulistana optou pelas terras baratas do subúrbio e pela mão de obra igualmente barata dos herdeiros do insucesso dos primeiros episódios de reforma agrária no Brasil. Filhos e netos de colonos foram engrossar o proletariado nascente. Dentre eles, Marisa Letícia, de uma família desses primeiros colonos – os Casa, originários da província de Vincenza, e os Rocco –, que viria a se chamar Marisa Letícia Lula da Silva. Há algum tempo, quando apenas se esboçava o futuro político de Lula, ao ver de longe, pela primeira vez, o Palácio da Alvorada, em que vai morar dentro de algumas semanas, teria dito ao marido que os donos do poder nunca os deixariam viver lá. Se alguém tinha alguma dúvida, fique-se sabendo que neste país o dono do poder já é o voto dos cidadãos, no mínimo desde que Fernando Henrique Cardoso foi eleito presidente.

Nessa trajetória rumo à fábrica, os descendentes de italianos deserdados pela expulsão da terra e pela crise política da Itália no século XIX encontrariam outra leva de deserdados, os nordestinos atraídos na década de 1950 pelo *boom* industrial da era juscelinista na região do ABC, último episódio do getulismo econômico. Dentre eles, Luiz Inácio, cuja família deixara o sertão em busca de destino. Nesse cenário, o grande encontro dos filhos do campesinato expulso e em extinção em várias partes do mundo e também aqui, do norte da Itália ou do Nordeste do Brasil.

Nos anos 1950 e 1960, as pressões populares no ABC eram pressões por educação. O operariado já não se conformava com a migalha do ensino elementar. Queria ginásios, clamava pelo ensino secundário, e os obteve. Cursos que funcionavam no período diurno e no noturno. Naqueles anos, só não estudava quem não queria ou fizera a opção pelas profissões fabris de melhor remuneração, como a de ferramenteiro ou torneiro mecânico, profissões de alta demanda e pouca oferta. O Lula de três apartamentos em São Bernardo e um sítio no Riacho Grande não é o Lula do pau de arara, e sim o Lula dos melhores momentos da história contemporânea da indústria no Brasil. Essa foi a trajetória de um grande número de trabalhadores na região do ABC.

A indústria levou para o ABC, sem dúvida, muitos empregos, no geral bem remunerados. O ABC, a partir dos anos 1930, se tornou o mais bem-sucedido laboratório de ascensão social do país. Ali a ideologia da ascensão social pelo trabalho, que teve dentre seus principais formuladores o paulista Antônio da Silva Prado, grande fazendeiro e industrial, empresário modelo, ministro do Império, foi testada e legitimada. As aspirações operárias estavam centradas numa enorme valorização das virtudes redentoras do trabalho, no privilegiamento da família, da casa e da religião como núcleos sagrados da sociabilidade operária e na educação como o mais legítimo dos meios de emancipação social dos trabalhadores. Essa eficaz ideologia burguesa selou o destino e a visão de mundo de milhares de trabalhadores do ABC e do subúrbio ao longo de décadas de história.

A cultura suburbana é essencialmente, em sua origem, uma cultura que insere a vida operária num cenário rural e nos valores próprios dessa conjugação: um certo comunitarismo subjacente, que se materializou nas associações de mútuo socorro, várias das quais ainda existem e são ativas; que se materializou numa sociabilidade de família extensa e de vizinhança que por décadas supriu a ausência ou as deficiências da Previdência Social e da assistência médica; que atualizou e revigorou uma sociabilidade de cozinha, muito própria do mundo camponês, que se desenrola ao redor do fogão e da comida. Não é estranho que, dentre todas as maravilhas do Palácio da Alvorada, o que mais encantou Lula em visita recente foi a enorme e rústica churrasqueira, sem dúvida uma valorização da refeição participativa, em que se combinam o comer e o preparar a comida, a comunhão ainda no velho sentido bíblico.

Um dos episódios mais bonitos desse comunitarismo suburbano é razoavelmente recente. A fundação da Associação Pró-Música do Grande ABC e a compra de seu piano na Alemanha. Piano caro, que custou cerca de setenta mil dólares, escolhido pelo pianista Arnaldo Cohen, que o inauguraria, é, provavelmente, o único piano comunitário do Brasil, embora "residente" no Teatro Municipal de Santo André. Cidadãos e empresas se cotizaram em toda a região para pagar as teclas do piano: cada um ou cada grupo contribuía para pagar uma delas. E, assim, o dinheiro foi juntado. Não foi um episódio único: os dois maiores e melhores hospitais públicos de São Caetano, o Hospital de São Caetano e a Beneficência Portuguesa, foram construídos por anos de "vaquinhas", rifas e quermesses, com a participação de toda a população, pobres e ricos, comerciantes, industriais e operários.

Na plataforma da estação de Paranapiacaba, uma velha e desbotada placa, em forma de mão, o indicador estendido, ainda aponta: "Subúrbio". Orienta os passageiros a não tomarem o trem expresso, que há muito já não vai para Santos. Ali embarcavam apenas os que se destinavam às estações funcionalmente ligadas ao centro, a cidade de São Paulo. O cheiro de capim-catingueiro, dos arredores, alerta para o fato de que estamos no limite do rural e do urbano, na fronteira e já longe da capital e do centro urbano por excelência.

Estamos acostumados a pensar o Brasil como a junção de dois mundos opostos: o urbano e o rural. Quase nada se disse até hoje do mundo suburbano, que floresceu ao redor das grandes cidades, como São Paulo, Rio de Janeiro, Curitiba, Porto Alegre, Belém, Salvador, Recife e outras mais. O subúrbio não é nem se confunde com a chamada e depreciada periferia. O subúrbio, entre nós, é a grande e significativa reação social e cultural às degradações do urbano e da urbanização patológica e a todo o elenco de irracionalidades de um modo de vida que se distanciou do compromisso com os grandes valores da civilização. No nosso subúrbio moderno, que agora triunfa politicamente, na votação dos dois candidatos, preservam-se os valores comunitários e de algum modo uma forma de viver em que o outro ainda é expressão e medida da condição humana. Compreende-se, portanto, que o conjunto do eleitorado, ao que tudo indica, tenha votado com entusiasmo no homem que melhor personifica os belos valores suburbanos e com menos entusiasmo no seu partido.

Lula e o ABC operário

Independentemente da doutrina de seu partido político, que é antigetulista, Lula tem sido, desde quando foi eleito deputado federal, o principal e mais qualificado herdeiro voluntário ou involuntário de todos os nossos populismos. Aqui em São Paulo, ele divide essa herança com Paulo Maluf. Basta observar as associações de identidades feitas pelos próprios eleitores e teremos indicações claras de que Lula não conseguiu evitar que essa herança lhe caísse sobre os ombros. Muitas pessoas que votaram em Maluf, no primeiro turno das eleições de 1989, votaram em Lula para presidente no segundo turno. Ou seja, para os órfãos do populismo, Lula e Maluf são equivalentes e intercambiáveis. Trata-se, certamente, de um equívoco e de uma injustiça. É claro que estou propondo essa reflexão na perspectiva de uma fenomenologia da consciência política do eleitor comum. A mesma associação ocorreu com outras lideranças populistas regionais e locais no restante do país, como com Antônio Carlos Magalhães, na Bahia. Desaparecidas as grandes figuras do populismo brasileiro, como Getúlio Vargas, Adhemar de

Barros, Juscelino Kubitschek, Jânio Quadros, Jango, é natural que o populismo declinante procure desaguar num político como ele, de forte apelo popular.

O Partido dos Trabalhadores, para vencer as eleições presidenciais de 2002, abriu mão de valores e orientações "pétreas" de seu ideário, fez alianças heréticas e desviou-se de seu eixo doutrinário de esquerda. É de prever-se, portanto, que, sendo essa a opção do partido, não terá dificuldades para ajustar-se ao figurino neopopulista que a população pretende aplicar a Lula. Porém, isso vai depender de uma grande mudança na política econômica e no uso do dinheiro público, que nem o PT, nem ninguém, está em condições de promover sem gravíssimas consequências sociais e políticas. O populismo brasileiro, sobretudo a partir de JK, nutriu-se de recursos inflacionários, com todo o elenco de desastres econômicos, sociais e políticos que conhecemos. Não creio que o PT tenha o mínimo interesse em alimentar a energia que lhe infla o peito e, ao mesmo tempo, mina o terreno em que pisa e compromete o seu destino político. O PT terá como principal e ingrata tarefa de seus quatro anos de governo convencer seu eleitorado de que, no fundo, Fernando Henrique Cardoso não era neoliberal, era de esquerda e estava correto no seu modo de governar e de associar a política econômica e a política social.

No ABC, muitos se perguntam o quanto a eleição de um morador da região à presidência da República representará como saída para uma conjuntura regional de desindustrialização e de reestruturação produtiva. O que o ABC ganha com essa eleição?

Lula foi eleito presidente da República, e não prefeito de um dos municípios do ABC. Além disso, Lula foi eleito como aquilo que ele já não é, um operário, e como figura de uma região fabril e operária, coisa que o ABC já não é majoritariamente. O ABC da eleição de Lula é um ABC mítico, que a rigor já não existe, pois o ABC mudou muitíssimo nas últimas décadas. O Lula da classe operária mítica, a classe operária dos manuais de Ciência Política, foi, provavelmente, a última personagem do último episódio da fase mais importante da história da industrialização no Brasil, a fase do verdadeiro operário de carne e osso, do trabalhador do imaginário da revolução.

Não creio que a eleição do presidente Luiz Inácio possa ter como consequência uma retomada de investimentos na região, pois uma coisa nada tem a ver com a outra. Lula não fará o milagre de mover a roda da história para trás, para os tempos áureos do ABC industrial e operário. Mais peso simbólico teria se fizesse investimentos em Garanhuns, onde ele nasceu, já que esse foi um polo simbólico poderoso em sua campanha eleitoral. O ABC não foi personagem da campanha, como todos devem ter notado.

No entanto, se houver criatividade empresarial e política no ABC, como creio que possa haver, a região terá acessos privilegiados ao presidente da República para apresentar e viabilizar projetos de retomada do desenvolvimento industrial regional e, sobretudo, de criação de empregos modernos. Mas isso não dependerá de Lula; dependerá de nós mesmos. E, também, da composição de seu governo e dos ministros que forem designados para as áreas que correspondam a um projeto assim.

Eu sublinharia que, continuando a ser um morador de São Bernardo do Campo, Lula instaura o fato histórico de um raro presidente da República que não residirá numa capital, mas no subúrbio. Sua residência em São Bernardo será, portanto, uma extensão do Palácio da Alvorada e de certo modo passará a ter o *status* de residência presidencial. Se o ABC souber compreender e administrar esse fato, poderá colher preciosos dividendos da eleição do presidente Luiz Inácio.

Aliás, seria um belo ato diplomático e político, que abriria portas para o ABC no Palácio do Planalto, se desde já a região como um todo começasse a se preocupar com um fato bem distante das preocupações correntes. Dentro de quatro anos, o presidente Luiz Inácio herdará o chamado arquivo pessoal do presidente, constituído de todas as cartas que receber durante esse tempo e também de algumas das doações que lhe forem feitas. Desde o governo Sarney, por lei, a documentação da presidência é classificada em dois grupos: os documentos oficiais, que vão para o Arquivo Nacional, e os documentos pessoais, que o presidente deve levar consigo quando deixar o governo. Esses documentos têm um *status* ambíguo: são pessoais, mas de interesse público, e não podem ser destruídos. O próprio presidente que deixa o poder deve providenciar com seus recursos o lugar de guarda da documentação e sua manutenção pelo resto da vida. Esse arquivo constitui o núcleo do memorial de cada presidente, à semelhança do que ocorre nos Estados Unidos e em outros países.

É possível que o Centro de Pesquisa e Documentação de História Contemporânea (CPDOC), do Rio de Janeiro, dirigido pela neta do presidente Getúlio Vargas, já esteja de olho no futuro arquivo do presidente Lula. O ABC, através da Câmara Regional ou de um consórcio das prefeituras, dos sindicatos e das escolas superiores e museus, tem a oportunidade de ouro de assumir, desde já, a tarefa suprapartidária de providenciar a construção, em São Bernardo, do que deverá ser o futuro memorial do presidente Luiz Inácio. Um lugar que se tornará um centro nacional de pesquisas e estudos sobre os quatro anos do PT na presidência da República. Não sendo feito aqui, terá de ser feito em outro lugar.

O emblemático sindicalismo da região e do país, de um operariado que ofereceu os ombros para a subida de Lula ao poder, tampouco será afetado. Poder é poder, classe operária é classe operária. É uma questão estrutural. Estarão, daqui em diante, em polos opostos do poder e da sociedade. Não foi a classe operária que chegou ao poder, mas um operário que dela se separou e que o que é próprio da história social fez trocar de lado. Por isso, aos que perguntam o que acontecerá com essas realidades agora invertidas e contrapostas, digo que no meu modo de ver não vai acontecer nada. Por que haveria de acontecer? O processo de desindustrialização regional não pode ser revertido, a menos que o próprio ABC tenha propostas consistentes de abertura de possibilidades de instalação de novos e modernos setores da economia. Seria ridículo esperar que o ABC se transformasse na Mombaça de Lula. O ABC terá de andar com as próprias pernas, ou não andará. Pensando mais especificamente no sindicalismo, creio que nem mesmo o governo do PT se proponha a revitalizar uma instituição do confronto de classes, quando sua anunciada política é a do pacto social. Lula não terá a menor condição de governar em nome da luta de classes.

No plano nacional, convém lembrar que a Central Única dos Trabalhadores (CUT) é hoje majoritariamente uma central sindical de funcionários públicos e é o braço sindical do PT. Mesmo que seus dirigentes neguem, ficará imobilizada num inconformismo funcional e meramente demonstrativo. O PT no poder certamente não será o fortificante, o Biotônico Fontoura, do sindicalismo regional e nacional, pois teria de decidir entre ser governo e lutar contra o governo e sua política econômica, que não será muito diferente da atual.

O PT no poder corre o risco de repetir a complicada experiência do PT no Rio Grande do Sul, fraturado em facções que não se entendem entre si. As reações do MST à eleição de Lula são muito evidentes nesse sentido. O PT terá mais aliados no PSDB de Fernando Henrique do que em suas próprias facções extremistas. O PT cresceu nestes anos todos questionando a legitimidade de todos e de tudo. Foi apresentado ao país como o único partido da integridade, da decência e da competência, o que não é verdade em nenhuma realidade política e em relação a partido algum. Um partido político é sempre a vivência de um nó de contradições e só tem sentido como protagonista dos desencontros próprios dessas contradições. De certo modo, o PT foi oferecido ao país, especialmente por suas facções religiosas, como a negação da política, como se a política fosse sempre suja. Ouvi de uma jovem dirigente do MST, num debate na Universidade Estadual do Rio de Janeiro de que participei, que aquela organização política não pretendia apresentar candidatos "para esse parlamento burguês que está aí". Isso é puro misticismo antipolítico, pura negação da política presumivelmente em nome da própria política.

Esse misticismo fundou-se na premissa falsa de que, mais do que um partido político, o PT é a corporação de um profeta libertador (que falaria em nome do povo), chamado a combater o rei opressor, isto é, o poder e o Estado. Ora, o PT, a partir do dia 1º de janeiro, será o poder (e o opressor) e Lula será a personificação do poder, ao mesmo tempo como chefe de Estado e chefe do governo. Isto é, será a negação do profeta. Resta saber se o endêmico profetismo brasileiro, que assume geralmente uma forma sebastianista, não lançará Lula no dilema de decidir entre o povo e o partido. A ruptura desse nó vai depender de muita lucidez política do próprio PT. É fora de dúvida, porém, que o PT pagará o alto preço do poder, como o PSDB pagou. Na política não há milagre.

Nas várias eleições de que participou, ficou claro que Lula é muito maior do que o Partido dos Trabalhadores. Agora mesmo, nessas eleições, teve quase metade dos votos dos eleitores inscritos. O PT, no entanto, teve apenas 3% dos votos na eleição de governadores. Na eleição para o Congresso Nacional, apesar de um positivo crescimento do PT, o que é bom, o partido não tem metade dos congressistas e está bem longe disso. O eleitorado revelou-se lulista, mas não petista. Se mudasse de partido, boa parte do eleitorado migraria com ele. Num certo sentido, Lula é parasitado pelo PT. Eu só não faria essa afirmação em termos absolutos porque ele tem sido um disciplinado militante partidário. Lula é a garantia do partido, e não o partido a garantia de Lula. A tentação de se tornar um líder populista certamente será grande; mas ele é sobretudo um produto da estrutura e do burocratismo sindical, e essa formação provavelmente o conterá.

Uma grande incógnita deste momento político é a de saber se, de fato, Lula, a personagem que o inexorável do processo eleitoral sequestrou da classe operária e transferiu para o poder e para as classes poderosas, é em si mesmo garantia de um pacto social que é apenas um suposto pacto político. Lula terá que desdizer o que disse durante anos aos trabalhadores e conciliar-se com o inimigo que, de certo modo, ele ajudou a inventar. Lula não personifica a luta de classes, mas a conciliação de classes.

O pacto social é sempre algo provisório e temporário. No caso brasileiro, como tem sido quase regra, ele dará certo nos primeiros meses de governo, talvez no primeiro ano. Ao fim do primeiro ano, quando o arsenal de diagnósticos *ad hoc* do PT e de Lula para as adversidades de sua assunção política se esgotar, a continuidade do pacto vai depender muito de novos fatores de concordância e concerto, e esses fatores já não poderão ser negativos, como agora, e sim positivos. Não tenho certeza de que ao fim de um ano de governo, e de trocas adversas de favores para assegurar a governabilidade, Lula e o PT estejam em condições de oferecer ao país um menu positivo de realizações possíveis que confirmem a legitimidade do pacto. Esse vai ser um ano de ajustamentos difíceis, de um PT cercado de sanguessugas e amigos que não são confiáveis. Mesmo nessa temporariedade, não obstante, o pacto poderá dar certo justamente porque nossa democracia é incipiente e porque o povo está descolado dos partidos. Estes e os setores organizados das classes sociais e das frações de classe terão mais liberdade para negociar e fazer arranjos distantes das emoções da massa.

Aparentemente, a ideia de um pacto social personificado por Lula se estende ao âmbito das relações norte-sul, Lula concebido pelo ex-premiê italiano Massimo D'Alema como um providencial porta-voz da América Latina pobre junto aos países ricos. Isso não vem de agora. Desde o fim da Guerra Fria, os países do norte estão à procura de um interlocutor com esta parte do mundo, alguém que tenha o respeito dos outros países latino-americanos.

Fernando Henrique Cardoso tem desempenhado esse papel de interlocutor político do continente com naturalidade. Conseguiu, por exemplo, ser mediador de solicitações do governo cubano ao governo americano na administração Clinton, o que já é uma façanha. Além disso, sempre teve boa acolhida dos chefes de Estado e das lideranças políticas no continente e na Europa (e mesmo na África e na Ásia). Diplomatas de um país asiático já chegaram a mencionar sua esperança de vê-lo na função de secretário-geral das Nações Unidas, o que não é impossível. Ele é um respeitado membro do grupo da Terceira Via, grupo de líderes políticos de orientação social-democrata de que faz parte o próprio D'Alema. Mas esses líderes e governantes não têm nenhum interesse em fortalecer e viabilizar alguém que represente um severo questionamento do que são e querem, como é o caso de Lula. E convém não esquecer que, nas limitações ideológicas do PT, social-democracia é direita.

Lula certamente não conseguirá desempenhar o mesmo papel, porque o cenário internacional em que vai se mover será bem diferente. Não será surpresa se tomar posse no momento de início de uma guerra entre Estados Unidos e Iraque, que terá graves consequências internacionais.

A convocatória de D'Alema decorre justamente, no meu modo de ver, de sua certeza de que Lula terá muito mais dificuldades do que Fernando Henrique no trato com os países europeus e com os Estados Unidos. Essa possível dificuldade será produto de todos os questionamentos precipitados e unilaterais que o PT fez à globalização e ao capital internacional, em particular aos Estados Unidos. O grande inimigo do PT, aliás, é o maniqueísmo de inspiração religiosa que marca suas posições populares e que agora respingará em seu governo. Até o último dia do governo de Lula, pesará sobre ele a desconfiança gerada pelo neonacionalismo petista e por seus compromissos com a reintrodução do Estado nas funções econômicas de Estado-empresário. Diferentemente de Fernando Henrique, Lula terá que provar todos os dias que não é inimigo do capitalismo.

A política em tempos de esperança

Para compreender o contexto histórico e conjuntural em que Luiz Inácio Lula da Silva assumirá a presidência da República dentro de alguns dias, convém ter em conta que o oposicionismo militante e antagônico que o PT e Lula pessoalmente moveram contra o presidente Fernando Henrique Cardoso e seu governo foi uma forma muito distorcida de negar o real e proclamar a quimera como corpo da campanha eleitoral. Fantasias desmentidas pelo fato de que há vários grandes legados positivos dos oito anos de governo do presidente Fernando Henrique Cardoso. O maior deles, sem dúvida, é ter firmado um modelo de democracia e de relação do Estado com a sociedade civil baseado no mais absoluto respeito ao direito de opinião e de participação, mesmo quando tenham parecido a muitos algo abusivo. Ele conseguiu descriminalizar a reforma agrária e transformá-la num item normal de governabilidade. Isso é muito importante se considerarmos que esse foi o estopim do golpe militar de 1964 e o pretexto de uma das vertentes da repressão política e da violência institucional durante toda a ditadura. Ele conseguiu contornar as dificuldades que a Constituição de 1988 ergueu para a concretização dessa reforma, sobretudo através da hábil atuação do ministro Raul Jungmann. Combateu a prática do trabalho escravo, reduzindo substancialmente sua ocorrência. Aumentou a presença de crianças e adolescentes na escola. É bem provável que no próximo censo não haja analfabetos no Brasil. Reduziu significativamente a mortalidade infantil. Criou programas sociais que afastaram crianças do trabalho e as enviaram à escola e que aumentaram a renda de populações das regiões mais pobres.

Quando se fala em legado, pensa-se naquilo que se quis legar, deixar, doar a alguém. É muito difícil, nessa perspectiva, pensar num legado negativo de quem quer que seja. Mas eu não deixaria de apontar um problema não resolvido, pelo qual este país paga um grande preço político, que é o da estrutura do Estado e da sua necessária reforma. Os ministérios da República de vários modos são obsoletos, desarticulados entre si e não raro disfuncionais. O Brasil moderno pede uma organização ministerial diversa. Juscelino Kubitschek teve que organizar os grupos executivos para passar por cima da estrutura dos ministérios e agilizar atos de governo. Esse é um tema que o presidente Fernando Henrique conhece bem. Tanto que criou, em 1995, o Grupo Executivo de Repressão ao Trabalho Forçado (Gertraf), um grupo interministerial da presidência para contornar os bloqueios no combate ao trabalho escravo. Teria sido interessante estender essa experiência a outros âmbitos problemáticos para, desse modo, dar relevância e urgência à reforma do Estado. Isso, no entanto, não foi possível em virtude da necessidade de dar um formato de coalizão ao governo: nenhum ministro queria perder o respectivo poder.

Paralelamente, vivemos extenso período de fragilização do Estado, que se expressou na disseminação da crítica vulgar às instituições e num crescente espírito de contestação do Estado. Essa é certamente uma das heranças da ditadura. Há uma certa sobrevalorização da sociedade civil, especialmente no pressuposto de que seria esse o caminho da democracia direta e do protagonismo governativo dos movimentos sociais.

Aparentemente, setores do PT entendem que elegeram Lula para ser o presidente de um governo paralelo, oposto ao Estado, um governo antigoverno. Essa é uma tese pressuposta numa "teoria" popular da governação que se difundiu nos movimentos sociais, sobretudo nas bases de influência da Igreja. Lula, que vem do corporativismo sindical, terá que se defrontar com essa ingênua ideologia para viabilizar sua função de chefe do governo.

A ditadura militar banalizou o poder ao afastar dele o povo. O poder, isto é, o conjunto das instituições do Estado e de seus agentes, passou a ser encarado como adversário e adversidade, porque de fato assim era. O poder foi contaminado por seu uso antidemocrático, pelas violações dos direitos que em nome dele se praticou. A transição política não purgou o poder de sua mácula porque foram chamados a realizá-la as mesmas pessoas que também haviam sido agentes do poder maculado. A verdadeira mudança, e a verdadeira transição política, só foi ocorrer três presidentes depois e oito anos após o fim da ditadura, com a eleição de Fernando Henrique Cardoso. Isso porque ele foi a primeira vítima da ditadura a se eleger presidente. Alguém, portanto, que podia legitimamente clamar por uma nova ordem política. Mas a demora para o início da efetiva transição política desgastou o sentido profundo da mudança, disseminou um amplo pessimismo político e reativou os nossos messianismos na expectativa da vinda do redentor. Um certo silêncio cobriu injustamente os oito anos de governo de Fernando Henrique Cardoso. A expectativa do advento do messias adiou a esperança e impediu que o país visse e compreendesse as mudanças profundas e necessárias que estavam sendo propostas e os resultados importantes do sacrifício que todos tivemos que fazer abrindo mão de benefícios de curto prazo.

A isso deve acrescentar-se a profunda mudança havida na mídia, especialmente em jornais e revistas, que tiveram que passar a concorrer em grande desvantagem com a ligeireza da televisão. O noticiário se tornou breve e superficial, a entrevista demorada e face a face foi substituída pelo laconismo quase irresponsável das entrevistas por telefone. Hoje o noticiário mais desinforma do que informa. Não é de espantar que um barulhento noticioso vespertino da televisão se constitua no espetáculo de um locutor que procura adivinhar o que querem dizer as imagens que lhe chegam de um helicóptero, sem qualquer cuidado com o fato e a precisão. Hoje o noticiário é mais suposição do que fato, mais crença do que verdade. Não forma opinião nem alarga a razão.

O Partido dos Trabalhadores procurou crescer à custa da satanização do governo que agora termina, o de FHC, mas também à custa da satanização do Estado, nas bases classificado como "Estado burguês", antiproletário, portanto. Não é demais lembrar que o partido votou contra a Constituição pós-ditatorial, a de 1988. Embora tenha depois pleiteado e disputado funções de representação política com base na mesma Constituição que repelira e cuja legitimidade questiona. Será difícil que possa governar com base na regulação constitucional por ele rejeitada, ainda que subscrita depois de aprovada sem o seu voto. Em boa parte, o partido cresceu com base numa concepção revanchista de sua relação com o sistema político.

O revanchismo já estava proposto muito antes, desde a primeira campanha de Lula à presidência. De fato, o PT tornou-se herdeiro e veículo de todas as iras e ressentimentos acumulados durante a ditadura. Tais sentimentos foram intencionalmente trabalhados e sintetizados numa ideologia partidária do confronto e numa prática política maniqueísta nas bases. Mas isso não se limita ao PT. As justas e legítimas celebrações dos 500 anos do Brasil, que deveriam ser o ato litúrgico de nossa afirmação como povo e pátria, como liturgia do encontro e da comunhão, foram transformadas num grande ato de *vendetta* simbólica, que nos ofendeu e humilhou a todos. E tudo isso em nome da fé e dos pobres. Os setores místicos do PT foram corresponsáveis por esse equívoco, sem dúvida. Mas responsáveis foram também os que se calaram e continuam se calando, seja porque intimidados, seja porque agredidos por serem críticos e terem opinião contrária ao primitivismo dessa revanche. Porque, de fato, não há revanche alguma: na missa dos 500 anos, o índio ao qual se dirigiu um pedido de perdão aos povos indígenas pelo missionarismo de conversão chamava-se nada mais nada menos do que Jerry Adriani... Estamos, portanto, em face de uma onda mais vasta, e mais perigosa do que se pensa, de obscurantismo e intimidação. E isso tem cheiro de fascismo.

Essa orientação do partido gera um vazio político para o seu governo agora inevitável. Não é improvável que, para ocupar esse vazio e governar, ocorra uma intumescência da pessoa do governante. O partido tornou-se excessivamente dependente de uma pessoa só e da correlata concepção de que é o único partido moralmente em condições de governar. Há messianismo e totalitarismo nessa concepção do poder, do Estado e do governante.

Além de exótica, essa é uma fórmula ultrapassada, que se materializou na propaganda de supermercado da campanha de Lula, especialmente no lema "Quero um Brasil decente", como se o PT fosse o único depositário da decência política nacional, coisa que não é. Não só pelos problemas que tem tido onde governa, no Rio Grande do Sul ou em Santo André, mas também porque, felizmente, a decência é também precioso patrimônio de outros partidos e de outros políticos, a começar do próprio Fernando Henrique Cardoso e do candidato do PSDB, José Serra.

Justamente por isso é grande a probabilidade de a fórmula não dar certo no plano estrito do contrato político. Mas poderá funcionar na relação entre o governo e o povo. Há no país uma certa carência de populismo, de busca de um pai da pátria. Ou de uma mãe da pátria, como se viu nas primeiras tendências eleitorais em favor de Roseana Sarney. Somos um povo que ainda pratica a política como orfandade, e não como um direito e como ato de cidadania. É esdrúxulo, sem dúvida, que o eleito do partido que mais fala em cidadania seja justamente chamado a vestir o manto sacerdotal do líder carismático e do enviado de Deus e salvador da pátria.

Ainda é cedo para dizer alguma coisa a respeito de quais setores da sociedade, não ligados ao partido, ficarão fora dos arranjos de governo e quais e como ficarão dentro. As escolhas de Lula e do partido nos dirão como será o governo, quem ficará fora da arca governista e quem nela embarcará, quais os diferentes grupos de interesse que nos dirão qual será a cara do governo. A crítica do capital, sistematicamente feita pelas bases populares desde que o PT começou a germinar, sugere que o capital não governará. Mas a *Carta ao povo brasileiro* dá indícios de que governará e de que a opinião popular já está antecipadamente descartada.

Se certo nacionalismo prevalecer e em conexão com ele houver uma orientação econômica em favor da ampliação do mercado interno, como é bem possível, haverá espaço para todos os setores econômicos, talvez com alguns torniquetes no capital financeiro. É bem provável que pequenas e médias empresas receberão bênçãos especiais, e certo estímulo à empresa familiar rural agregará personagens ao palco do teatro econômico. Resta saber qual vai ser o enredo e qual será a reação do público no final da peça: riso ou choro – ou aplauso.

No meu modo de ver, é pertinente e necessária certa conversão do partido às metas sensatas do governo a que vai suceder. Porque, se o PT governar com o ideário do governo de FHC, como parece, terá enganado seus eleitores e usurpado votos que deveriam ter sido dirigidos ao candidato que esse ideário representava. Estaremos em face de uma fraude. Minha impressão é a de que as oposições ao governo da aliança política articulada pelo PT estarão cometendo um erro político se não fizerem essa cobrança, até para que as promessas feitas pelos adversários sejam depuradas até o sumo. Os eleitores têm direito a essa pedagogia da verdade política, que não houve na campanha eleitoral, e ao esclarecimento preciso de quem é o destinatário do apoio e da recusa: o PT ou o PSDB.

Não nos esqueçamos de que nos arranjos políticos que está fazendo, supostamente para um mandato de quatro anos, o PT muito provavelmente já está pensando num segundo mandato e nas eleições de 2006. Portanto, especialmente o PSDB deveria se preparar desde já para que a próxima eleição presidencial tenha como agenda quem é que deve ser o gestor de um programa social-democrata de governo, que é o que também teremos com Lula: o PT, que vai atuar fora de seu campo doutrinário, ou o PSDB, que é especialista no assunto?

Talvez se possa pensar que o resultado das urnas foi injusto com FHC e com o PSDB, sobretudo em face do fato de que, tudo sugere, na política econômica o PT não tem um programa propriamente alternativo, até porque, para ganhar as eleições, teve que seduzir o grande capital e o capital internacional.

Eu veria, pois, com cautela crítica esses indicadores ou esses estereótipos relativos a adversidades econômicas. O apagão elétrico não apagou quase nada a não ser o bom senso. A renda aumentou nos municípios rurais mais pobres. O emprego formal efetivo, que caiu nos primeiros anos do governo de Fernando Henrique Cardoso, recuperou-se nos últimos três anos e compensou com saldo positivo o déficit do período anterior. Ninguém falou nisso, nem o governo fez propaganda disso. Baseio-me nos dados fornecidos pelas próprias empresas ao Ministério do Trabalho, nas listagens com indicação nominal de demitidos e admitidos.

O resultado das urnas não fez justiça ao presidente, no sentido limitado de que as urnas não elegeram o candidato do partido do presidente. Mas essa seria apenas meia avaliação, se nos limitássemos a ela. A vida toda, desde quando era professor na USP, Fernando Henrique Cardoso cultivou a convicção de que a democracia só seria efetiva no país no dia em que não houvesse barreiras de classe ou barreiras estamentais no acesso ao poder. Ele teria ficado feliz com a eleição de José Serra à sua sucessão, certamente. Mas ele está feliz e emocionado com a eleição do presidente Luiz Inácio. A passagem da faixa presidencial a Lula será para ele a concretização do ato político mais importante nos 500 anos de história do Brasil e mais importante na história da emancipação política do povo brasileiro: o cumprimento do artigo não escrito da Lei Áurea, o de que os que de algum modo foram cativos e desiguais um dia finalmente são iguais. Fato que ele conhece bem, respeitado estudioso que é da escravidão e de todos os seus efeitos no adiamento desse dia e na lenta entrada do Brasil no mundo moderno, o mundo da igualdade, da liberdade e da fraternidade.

Uma das incógnitas do novo governo é a de qual será sua relação com grupos radicais, como o MST, cujas demandas contrariam radicalmente a anunciada, e em alguns casos apenas suposta, política conciliatória tanto com o capital quanto com o agronegócio e a grande propriedade fundiária. Para cumprir a *Carta ao povo brasileiro*, de 22 de junho de 2002, o governo Lula terá que ser hostil ao MST. Para não ser hostil ao MST perderá a confiança ainda relutante dos grandes senhores de terra e de capital.

Aparentemente, o MST tem divisões internas e não atua como um bloco ideologicamente coeso. Viu-se isso na recente prisão de José Rainha, cuja permanência na cadeia por dois meses parece sugerir um abandono e uma disputa interna pelo poder. Mas não creio que nessas divisões exista espaço para uma orientação social-democrata, que é a do PT das alianças eleitorais e a do PT no poder. Atualmente, apenas 50% das ações de ocupação de terra e de protesto rural são realizadas pelo

MST. A outra metade é levada adiante por organizações dissidentes e discordantes, mais próximas da realidade política. É sem dúvida possível que o MST suponha em relação a Lula o mesmo que já supôs equivocadamente em relação a Fernando Henrique: que ele é o Kerensky brasileiro, um fantoche, mero passo no sentido de um Estado que levaria a sociedade brasileira inevitavelmente no rumo do socialismo e o Brasil a se tornar uma grande Cuba.

Mas o MST reúne apoio e participação de grupos de orientações diversas e não convergentes: de setores exaltados da classe média, desde a ditadura inconformados, por diferentes motivos e frustrações, com os rumos políticos do país, até os setores ligados à Igreja Católica e à Igreja Luterana (que foi a verdadeira fundadora da organização), setores cuja conduta tem como limite a hierarquia das respectivas Igrejas.

Essas diferentes facções falam de diferentes socialismos e, portanto, de socialismo algum. Há entre elas até mesmo contradições enormes, como a das posições neonacionalistas do catolicismo dito progressista e das posições políticas stalinistas e maoistas e, portanto, materialistas, de setores confessionais. Até agora ninguém nas Igrejas disse como será resolvida a contradição entre fé e política, quando a política adotada pelos grupos religiosos é justamente inspirada em orientações ateias e materialistas.

Essas dificuldades internas facilitarão certamente o trato do governo petista com os extremismos que se condensam no MST, que tentou sistematicamente desestabilizar o governo Fernando Henrique com ações mais de provocação do que de reivindicação. É pouco provável que cometa o ato suicida de insistir nessa linha em relação ao seu próprio partido e ao seu próprio governante. E esse recuo terá efeitos devastadores na organização partidária que o MST é. A menos que ele rompa com o PT.

Ao mesmo tempo, é bastante claro que diferentes grupos radicais ficarão desabrigados, fora do guarda-chuva até acolhedor do Partido dos Trabalhadores, já que o governo não poderá governar para o capital, como se anuncia, com apoio em bases inimigas do capital. Portanto, esses grupos terão que se afastar do PT. Mas não creio que se aglutinarão num robusto partido de extrema-esquerda. As esquerdas são historicamente conflitivas e fragmentárias, cada facção norteada por um corpo doutrinário próprio. Nasceram de conflitos com as próprias esquerdas, e não de conflitos com a direita.

Há várias evidências nesse sentido, e a senadora Heloísa Helena, que está descontente com a reorientação de seu partido para a direita, já admitiu essa possibilidade. Se isso acontecer, o PT se tornará na prática mera dissidência do PSDB. Porém, o PT não está em condições de abrir mão dos parlamentares radicais que elegeu. Provavelmente tentará acalmá-los e trazê-los ao redil do poder em nome da missão histórica do partido, distribuindo-lhes cargos de primeiro, segundo e terceiro escalão. Radicais geralmente se acomodam a esse tipo de convencimento.

Ao mesmo tempo, no que ao PT se refere, estou entre os que não acreditam na conversão dos petistas à social-democracia, que eles consideram erroneamente uma orientação ideológica de direita. Do mesmo modo que não acredito e nunca acreditei que Lula seja de fato socialista. Lula é um sindicalista brilhante que alargou enormemente sua visão social a partir da prática de enfrentamento sindical com as iniquidades do sistema econômico, em particular durante a ditadura. Lula não viveu propriamente a miséria extrema, apesar de tudo que se diz, pois é de uma família de pequenos proprietários que migrou porque foi abandonada pelo pai e saiu à procura dele. Mas ele a conhece e conhece bem. Aliás, é um ganho para o país que o novo governante seja um íntimo do mundo medonho que o capitalismo subdesenvolvido criou e multiplicou na semiescuridão de favelas e cortiços. No entanto, esses problemas podem ser resolvidos pela própria via capitalista, como se vê nos países desenvolvidos, e Lula sabe disso. Podem ser resolvidos desde que os capitalistas compreendam o risco que o capitalismo e a civilização correm com as injustiças gravíssimas que resultam da opção pelo lucro sem condições, sem limites éticos e sem responsabilidade social.

Mas, ao mesmo tempo, se os petistas acreditam que estão vivendo apenas uma fase tática de namorar o capitalismo para destruí-lo e namorar a democracia para removê-la – democracia que conseguimos a duras penas, de que o próprio PT é fruto –, estão cometendo um grande erro político. Estarão se esquecendo de que nesta eleição o eleito foi Lula, e não o PT, que está longe de maioria no Congresso e que teve ínfimos 3% nas eleições de governadores. O PT terá que se conformar com a condição de gerente de uma economia capitalista de que não gosta.

Esse quadro não favorecerá a preservação dos parâmetros de racionalidade da política nem sua modernização. O descompasso entre o palácio e a rua certamente contribuirá para acentuar o populismo de Lula. Seus vínculos com as Igrejas, especialmente a Católica, e nela as pastorais sociais, poderão empurrá-lo na direção oposta da postura messiânica, como um refúgio para preservar sua autoridade.

Lula já está entrando em contradição com o presidente Luiz Inácio. Não sabemos quem vencerá esse embate, se um ou outro, se o líder carismático ou o chefe de Estado. Lula não parece temer essa fratura e até mesmo não parece compreendê-la. O incipiente e possível messianismo de Lula não tem grande possibilidade de se firmar e se expandir, por várias razões. O revestimento da pessoa de Lula com a identidade do profeta libertador, cuja missão é exorcizar, acusar e depor o rei, isto é, o poder, foi um trabalho político realizado pelas Igrejas, setores da Igreja Católica e de algumas Igrejas Protestantes. Mas há muitos setores dessas mesmas Igrejas que temem os desastres possíveis dessa ingenuidade. O fato de que Lula, por estratégia política do PT, tenha se aliado a uma Igreja Pentecostal fundamentalista não assegura o controle sobre seu comportamento em face de demandas messiânicas de setores populares. E isso deve causar apreensão a quem inventou e passou adiante a causa de um Lula profeta. Porque o PT já tem experiências de conversões de políticos gestados em bases eleitorais católicas que depois se converteram ao pentecostalismo, caso da notável senadora Marina Silva, por quem tenho grande admiração.

Os parâmetros racionais da política de algum modo já regrediram, se pensarmos no fato de que projetos sociais e políticos importantes foram bloqueados ou combatidos simplesmente em nome da satanização sistemática do presidente Fernando Henrique e do programa social-democrático. Foi o caso da reforma agrária. Mas Lula não terá como, em nome da rua, abandonar a prática tradicional do Estado brasileiro das alianças de partidos para assegurar a governabilidade, aliança paga com recompensas empregatícias para os apadrinhados dos partidos incluídos na trama política.

É difícil dizer definitivamente se faz bem ou não ao Brasil. Meu primeiro impulso é o de dizer que não faz bem porque inviabiliza a concretização das ideias, do programa e das propostas do partido vencedor. As coalizões para assegurar a governabilidade, no governo Fernando Henrique, ao menos no primeiro mandato, pareciam garantir que os partidos representados na partilha dos ministérios, mesmo ideologicamente contrários ao partido do governo, aceitassem realizar atos de governo comprometidos com a linha do partido vencedor e, tecnicamente, hegemônico. Em boa parte do governo Fernando Henrique, parecia ficar evidente que estávamos em face de um novo modelo de republicanismo, numa espécie de parlamentarismo embutido no presidencialismo, com o presidente se comportando, até agora aliás, rigorosamente como magistrado, como chefe de Estado que suplanta o chefe de governo. Mas isso deu aos ministros mais poderes do que deveriam ter, sem contar a questão da lealdade ao presidente, sempre em risco em situações assim. Assegura-se a governabilidade, mas dificulta-se a governação.

No caso do PT, tudo indica que as coisas vão ficar mais complicadas. Já está sendo anunciado que o partido reservará para si alguns ministérios-chave e entregará os outros aos partidos aliados e também a ministros não vinculados a partidos. O que mais preocupa é que o presidente eleito, Luiz Inácio, já convidou os candidatos derrotados à presidência, que representaram oposição ao governo Fernando Henrique, a compor o governo, além de ter feito convite no mesmo sentido ao ex-presidente Itamar Franco. Tento entender a estratégia. Parece mais a tática do escorpião: um presidente legítimo não pode ficar sob a sombra de quem também foi votado para a presidência, e derrotado, ou de quem já a tenha exercido.

Portanto, como já aconteceu no governo Fernando Henrique, parece que continuamos em face de uma tendência parlamentarista na estrutura do Estado nacional pressionando na direção da separação das figuras de chefe de Estado e de chefe do governo, hoje personificadas por uma pessoa só.

Isso não quer dizer que FHC se redefina como liderança polarizadora e antagônica em relação às forças articuladas em torno de Lula. Nem creio que ele o pretenda, embora a circunstância possa convocá-lo para essa função política, ainda que Fernando Henrique veja a si mesmo, após a presidência, com outro perfil, de fato o perfil do magistrado. O que se confirma pela opção de não manter uma residência em Brasília. Mas Getúlio teve as funções de organizador da política brasileira mesmo vivendo no exílio, em São Borja. No vazio político relativo que se instaura, será compreensível se ele acabar se constituindo no eixo em torno do qual o Brasil vai se preparar para a era pós-PT.

A quase inevitável tendência para a política de coalizão no governo do Partido dos Trabalhadores decorrerá dos enormes problemas que podem resultar para um partido que ganhou a eleição para o Executivo, mas perdeu-a na composição do Legislativo. Terá que recuar em relação às expectativas radicais de seus constituintes e de seus eleitores. Nesse sentido, é interessante ficar atento à relação entre MST e governo, tendo-se especialmente em conta que a agricultura tem tido um papel dinâmico na economia brasileira. Já não estamos mais na situação de 1964, quando ainda se podia justificar a demanda de reforma agrária pelo fato de que o latifúndio bloqueava o desenvolvimento da agricultura capitalista. A baixa produtividade agrícola era justificada pela alta concentração da propriedade da terra. Falava-se em feudalismo, uma turbação do capitalismo agrícola, um feudalismo fantasioso, em vez de se falar nas peculiaridades de um capitalismo que assimilara formas e funções da sociedade escravista.

Mas a questão agrária tem pouco ou nada a ver com a produtividade agrícola. Em termos clássicos, a questão agrária existe quando a renda fundiária compromete a racionalidade do capital e inviabiliza a expansão do capitalismo no campo. No caso brasileiro, o que é concebido como questão agrária é a questão social gerada pela concentração fundiária. Ela atingiria o capital de outro modo, através dos desenraizamentos dos trabalhadores da roça, da pobreza e do consequente não crescimento do mercado interno. Portanto, uma variante da questão agrária clássica. Aqui não houve o maciço desenraizamento, houve e está havendo a concorrência entre a agricultura empresarial e a agricultura artesanal. Os êxitos do agronegócio de certo modo ocupam espaços da agricultura familiar e acabam complicando-a, tolhendo-lhe a possibilidade de se propor como agricultura alternativa, que seria ao mesmo tempo a alternativa para solucionar a questão social da massa de desenraizados do campo. Enquanto houver pressão social por reforma agrária, estaremos, sem dúvida, em face de uma questão agrária a ser resolvida. O dilema no Brasil tem sido quanto ao modo de resolvê-la: através de uma reforma agrária ou através de subsídios sociais aos pobres?

Não tenho certeza de que hoje as ações do MST sejam financiadas com recursos públicos, mesmo na forma de crédito ou financiamento de suas cooperativas. Nos últimos anos, em face de denúncias, os controles aumentaram e restrições foram estabelecidas. É mais provável que os recursos para essas ações venham de contribuições decorrentes dos resultados econômicos positivos da reforma agrária do governo, mediante doações, voluntárias ou não, dos assentados. Além disso, é pouco provável que o MST não receba doações de organizações internacionais, sobretudo organizações católicas na Itália e protestantes na Alemanha.

Supor um bloco político-ideológico centrado na Teologia da Libertação para explicar o vínculo entre o MST e a Igreja, especialmente com a Comissão Pastoral da Terra, já é supor além dessa relação. O MST é uma organização de esquerda que se compôs e continua se compondo de quadros da Igreja. É bastante estranho supor um vínculo da Igreja Católica com o MST e, ao mesmo tempo, supor que a Teologia da Libertação representa uma fase superada da Igreja.

A Teologia da Libertação certamente não está superada. Ela pode estar marginalizada pelos poderes burocráticos dominantes na Igreja, em especial na Cúria Romana, pois não é a teologia oficial. A Teologia da Libertação propõe uma legítima indagação sobre a natureza da relação entre o homem e Deus. É, portanto, uma teologia dinâmica, não dogmática, que nos interroga a respeito do que somos, de nossa fé e do nosso vínculo com o sagrado. É preciso, portanto, não confundir a Teologia da Libertação com seu uso político, sobretudo com seu uso partidário aqui no Brasil e na América Latina. É esse uso partidário que deve ser examinado e compreendido em episódios como a Revolução Sandinista, a Revolta de Chiapas e, agora, a eleição de Lula. Muitos acreditam que o MST resume e dá vida a essas mesmas revoluções.

O movimento católico Fé e Política, muito identificado com o PT e com o MST e depositário do legado da Teologia da Libertação, tem sido um suporte ideológico e litúrgico importante da organização dos sem-terra. Portanto, não se trata apenas de um vínculo forte, mas de um vínculo orgânico. De fato, o MST nasceu no interior da Comissão Pastoral da Terra (CPT), agência de serviço pastoral da Conferência Nacional de Bispos do Brasil (CNBB), quando começou a ficar claro que muitos bispos resistiam a uma prática pastoral que caminhava claramente para o partidário e, até mesmo, para o transgressivo no que se refere ao direito de propriedade. A insatisfação dos agentes de pastoral leigos com as prudentes limitações adotadas pelos bispos nas dioceses acabou levando à organização do MST. Dava-se assim dimensão nacional a uma iniciativa dos luteranos no Paraná, que haviam organizado o Movimento dos Agricultores Sem-Terra do Oeste do Paraná (Mastro), que agregava as vítimas das expropriações motivadas pela construção da barragem de Itaipu. Os luteranos há muito mantêm um vínculo com a CNBB e são membros ativos da CPT, especialmente no Paraná e em Rondônia.

Por esse meio, as Igrejas levantaram uma poderosa barreira a todo tipo de injustiça que alcançava e alcança as populações rurais, como a expulsão da terra, a privação de direitos, o trabalho escravo, a grilagem de terra alheia. Injustiças cujos custos são debitados na conta da sociedade inteira. A ação das Igrejas, mesmo através do MST, deve ser entendida como um ato legítimo de afirmação dos direitos sociais, tão negligenciados na história de nosso país e, portanto, como poderoso movimento de modernização da sociedade brasileira.

Os problemas começam em "outro lugar": na primária forma de tradução dessa função social e histórica numa ideologia partidária, pretensamente revolucionária, na verdade autoritária e intolerante, impolítica, mais expressão do atraso e até da barbárie do que da civilização, que nada ou pouco tem a ver com a realidade das populações rurais em nome das quais fala. Uma ideologia que expressa exclusivamente a impressão que dos pobres têm alguns setores da classe média.

Polarizações como as representadas pelo MST e a correspondente polarização ideológica configurada na Teologia da Libertação são indícios de uma extensa fragmentação social e política da sociedade brasileira, "desenhada" durante a ditadura militar. Algo mais complicado, portanto, do que o suposto decisivo papel político do MST. Fragmentação que expressou muito mais o ideológico do que o social e político, e mesmo do que o econômico. Se os diferentes grupos dela resultante indicassem interesses sociais e políticos singulares, a transição para o regime democrático teria sido completamente diferente do que foi. Limitados ao orgânico e também ao ideológico, como acontece aqui, não há pacto que possa remendar as fraturas políticas resultantes do autoritarismo.

Teria havido lugar para um pacto social na transição da ditadura para o novo regime democrático, e se chegou a falar nisso. Seria o pacto da Nova República. Mas o pacto foi frustrado pela morte inesperada de Tancredo Neves. Acabou sendo substituído, na primeira eleição de Fernando Henrique, pela coalizão política destinada a assegurar a governabilidade. Neste momento, falar em pacto social significa pouca coisa. Parece-me termo impróprio para uma necessidade do PT, a de não ser cobrado pelos diferentes setores da sociedade que foram açulados na campanha eleitoral para demandas que o governo petista não terá como cumprir.

Não chega a ser exótico porque não é um pacto social de fato. É apenas um arranjo. Além do mais, na própria nomenclatura do PT fica difícil classificar o partido hoje como um partido de esquerda. Quando muito, pode ser considerado um partido popular. Convém lembrar, ainda, que as facções do partido que insistem em manter um perfil de esquerda estão contra o pacto político que levou à eleição de Lula e estão contra o pacto social, como se vê pela retomada das ações do MST. Seria esse um pacto para a direita não pressionar o governo e só a esquerda fazê-lo?

Os empresários brasileiros nunca foram muito fortes em política e, sobretudo, em compreensão das alternativas históricas de sua classe social. Aliás, esse foi um dos temas de pesquisa de Fernando Henrique Cardoso, quando era professor na USP. Ele tem um livro importante sobre o assunto: *Empresário industrial e desenvolvimento econômico*. Eles acham que fazem política dando dinheiro aos partidos e, com base em pesquisas de opinião, investindo prioritariamente no provável vencedor. Não se trata apenas de oportunismo, mas também de falta de politização. Eles têm sido razoavelmente incapazes de defender seus próprios interesses como classe social. O máximo alcance da consciência política da maioria é sua própria empresa e seus interesses pessoais. E seu senso de responsabilidade social não vai muito além da caridade. Se não fosse assim, teriam resolvido, e bem, coisa que não fizeram, a questão agrária e a questão das formas degradadas de trabalho. Minha impressão é a de que eles compraram um bilhete de loteria vencido, imaginando que vai correr no próximo dia primeiro de janeiro.

Para o governo do PT, o caminho virtuoso seria, antes de mais nada, dar continuidade aos programas de política social do governo de Fernando Henrique Cardoso, programas que em geral estão dando certo, ainda que no quadro de limitações financeiras severas que estamos vivendo. Sei que isso será difícil para o PT, que passou oito anos satanizando o governo e depreciando justamente essas políticas. Nisso eu incluiria a reforma agrária; dificilmente o PT fará algo diferente ou melhor nessa área. O caminho vicioso para o governo Lula será o de cair em tentação e se deixar instrumentalizar seja pelos oportunismos dos aliados, seja pelas organizações a ele ligadas que estão no extremo da escala ideológica, e imaginar que recebeu o mandato de uma revolução.

Digamos que estamos apenas fritos

Nos tempos da ditadura militar, autores sérios chegaram a publicar, em periódicos e livros, informações relativas a mulheres que eram presas políticas e foram torturadas no Dops ou no DOI-Codi e que se apaixonaram por seus torturadores. É compreensível o que a violência e o medo fazem com suas vítimas. Um destinatário dessas paixões estranhas foi o delegado Sérgio Paranhos Fleury, torturador cruel. No dia de sua morte, ouvi de um inflamado Luiz Inácio Lula da Silva, no Estádio de Vila Euclides, em São Bernardo do Campo, que a classe trabalhadora estava contente porque havia morrido seu maior inimigo. Era 1º de maio de 1979. O corajoso Lula participaria da fundação do PT, por esse partido seria eleito deputado federal e candidato ao governo de São Paulo e pleitearia a presidência da República em quatro ocasiões.

Fleury foi um dos serviçais mais preciosos da ditadura militar; torturador e assassino, torturava e matava em nome do regime. A economia do regime dependia dessas atrocidades, porque foi uma economia que cresceu brutalmente com base no medo e na ameaça, no "cala a boca" por esse meio imposto aos trabalhadores e a toda a sociedade. O delegado começara seu treinamento no Esquadrão da Morte, por ele organizado, grupo que sequestrava e executava presos comuns por decisão própria, passando por cima da lei e da Justiça. Fleury, seu grupo e seus iguais tinham poder de vida e de morte sobre as pessoas. Encontrou pela frente um corajoso e íntegro funcionário da Justiça, o dr. Hélio Bicudo, promotor público (mais tarde vice-prefeito da cidade de São Paulo pelo PT e hoje fora do partido). Quem quiser conhecer o que foi o trabalho sujo do torturador não pode deixar de ler o livro do dr. Bicudo, *O Esquadrão da Morte*, e o livro do íntegro e competente jornalista Percival de Souza, evangélico e professor na escola dominical de sua Igreja, *Autópsia do medo*.

Nas últimas semanas deste 2002, em duas diferentes ocasiões, o candidato do PT à presidência da República, Luiz Inácio Lula da Silva, fez rasgados elogios à "economia planejada" da ditadura militar, querendo com isso fazer crítica ao regime econômico em que vivemos, baseado em problemáticos princípios de liberdade de mercado.[1] Ele pode fazer a crítica que quiser, sem dúvida. Mas elogiar a economia política da ditadura já exige reflexão em voz alta, bem alta, e um apelo à razão dos que combateram os efeitos sociais dessa economia e que hoje são acólitos de Lula.

Ontem, por azar uma sexta-feira 13, Lula falou amplamente a altos oficiais das Forças Armadas, incluindo vários que foram ligados diretamente à ditadura militar. Em duas ocasiões foi aplaudido na boca de cena, como se costuma dizer, recebendo elogios e apoio à sua candidatura. Aos afoitos convém lembrar que Lula ressalvou que elogiava a economia da ditadura e condenava a repressão política e a privação de liberdade política que em nome dela foram impostas ao povo brasileiro, ele mesmo uma vítima do regime.

Aliás, também o foi o presidente da República, Fernando Henrique Cardoso, que, professor na Universidade de São Paulo, foi perseguido, partiu para o exílio e acabou aposentado compulsoriamente, afastado da Universidade e, com base no Ato Institucional n. 5, proibido de exercer o magistério e qualquer outra função pública no Brasil. Recuperaria seus direitos anos depois, com a mesma anistia que beneficiou Lula pelas poucas semanas em que esteve preso e lhe valeu o prêmio de uma pensão do governo federal, maior do que o salário de um professor-assistente doutor de qualquer universidade pública brasileira.

Fiquemos, portanto, no território do que foi elogiado e exaltado por Lula, a economia, e também proposto como o norte de sua política econômica no caso de que finalmente venha a ser eleito presidente da República. Ora, não foi a mesma economia "maravilhosa" da ditadura militar que promoveu o arrocho salarial que deu vida a Lula como líder sindical e a redução do salário real dos trabalhadores a cerca de metade do que era ainda nos tempos do getulismo de Goulart? Lembro-me de que, poucos anos depois do golpe de Estado, o Departamento Intersindical de Estatística e Estudos Socioeconômicos (Dieese) – órgão dos sindicatos operários de São Paulo – demonstrava por a + b que, para manter o mesmo nível de vida anterior ao golpe (quando o salário de uma única pessoa sustentava uma família), tornara-se necessário o trabalho de dois membros de cada família. Geralmente, o membro sacrificado era a mulher ou o filho ou filha adolescentes. Tendemos a ver salários apenas no seu poder de compra, e raramente o vemos nos desarranjos sociais que promove quando fica aquém do necessário para o sustento da família. Conviria dar uma olhada nas publicações do Dieese dessa época. Aliás, vale a pena dar uma boa olhada nos muitos livros que narram a história épica da classe operária nesse período, tendo à frente um corajoso Lula que sabia bem o que era o planejamento econômico da ditadura.

A mesma economia planejada, que Lula considera maravilhosa e recomendável para o povo brasileiro, no caso de vencer, foi responsável, também, pela planejada expansão do grande capital, sobretudo do Sudeste, para a região amazônica a partir de meados dos anos 1960, com a criação da Superintendência do Desenvolvimento da Amazônia (Sudam). Como isso funcionava? Cada empresa já estabelecida no país, nacional ou estrangeira, podia deixar de pagar 50% do seu imposto de renda (dinheiro que deveria ser destinado à manutenção de escolas, universidades, hospitais, centros de saúde, abertura de estradas etc.), se investisse na Amazônia esse dinheiro, que poderia constituir até 75% do capital da nova empresa. Ou seja, para dar um exemplo, se você fosse empresário capitalista e tivesse que pagar 150 mil cruzeiros de imposto de renda da sua empresa, podia pagar apenas 75 mil cruzeiros, desde que usasse os outros 75 mil para compor 75% do capital de uma empresa de 100 mil cruzeiros de capital. Portanto, com um capital de apenas 25 mil cruzeiros você poderia ter uma empresa que valia 100 mil e ter lucros sobre esse valor, isto é, ter um lucro provável quatro vezes maior do que outro investimento que fizesse com seu próprio dinheiro. Não, você não tinha que devolver os 75 mil cruzeiros ao governo. Não era empréstimo, era doação, incentivo fiscal. Essa maravilha era produto da economia planejada do elogio de Lula, a mesma economia do arrocho salarial. Todos nós, que vivíamos e vivemos do trabalho e do salário, abríamos mão dos nossos direitos sociais legítimos para que a ditadura brincasse de papai-noel com o grande capital, é bom não esquecer.

Mas a coisa não parava aí. As empresas que essa "maravilhosa" engenharia econômica da paixão de Lula criava foram na maioria fazendas de criação de gado. Estimativas oficiais da época assinalavam que, na ocupação da Amazônia Legal (mais da metade do território brasileiro) por meio dos incentivos fiscais, seria possível criar 40 mil empregos, que era o total de operários da fábrica de automóveis da Volkswagen, em São Bernardo do Campo, na mesma época. Um terço de um continente para criar o mesmo número de empregos de uma fábrica de algumas centenas de metros quadrados. A maioria das empresas que entraram nessa barcarola não tinha a menor ideia de como se criava uma vaca. Da vaca, muitos só conheciam o bife. Obtiveram terras comprando títulos de propriedade ou de aforamento (caso em que as terras pertenciam de fato ao governo do Estado, como no caso do Pará e do Amazonas), não raro títulos falsificados, registraram as terras em seu nome e delas se apossaram. Quem quiser conhecer essa história não pode deixar de ler ao menos um livro de Lúcio Flávio Pinto, competente jornalista do Pará e, provavelmente, o melhor conhecedor da Amazônia e de sua história: *Amazônia: no rastro do saque*.

Muitas dessas terras eram ocupadas desde tempos imemoriais por tribos indígenas, não raro tribos ainda desconhecidas, que foram conhecer o que os brancos eram quando em nome desse maravilhoso planejamento elogiado por Lula eles chegaram lá.

Foi o caso dos kreenakarore, os chamados "índios gigantes". Suas terras foram atravessadas rapidamente por uma rodovia aberta na selva para beneficiar as fazendas que estavam chegando. Em pouco tempo, os valentes kreenakarore estavam subnutridos, suas terras invadidas, mendigando na beira da nova estrada, suas mulheres se prostituindo. A mortalidade por doenças transmitidas pelo branco dizimou cerca de metade de sua população. Pena que Lula tenha esquecido esse resultado do "maravilhoso" planejamento econômico da ditadura. Tão grave se tornara a situação desse povo indígena que seus maiores inimigos, os Txukahamãe, do valoroso cacique Raoni, penalizados, foram buscá-los, construíram para eles uma aldeia em seu território e os abrigaram e alimentaram. Foi tanto o acolhimento que começaram a matar seu amor-próprio, a ponto de a Funai intervir e os transferir para outra área, onde pudessem se recompor e tentar renascer como povo. Isso tudo saiu nos jornais, abundantemente, e ninguém daquela geração pode ignorar os fatos e dizer agora que não sabia disso. Sabia sim! Lula também sabia, bem informado pelos contatos que tinha regularmente com membros das Igrejas envolvidas diretamente no combate a essas injustiças.

Mas não foram só os kreenakarore. Também os waimiri-atroari, cujas terras estavam sendo atravessadas pela rodovia Manaus-Caracaraí, uma das supostas maravilhas do planejamento econômico da ditadura militar, foram alcançados pela brancura civilizada do planejamento ditatorial. Pior, ali também se construiu o reservatório de uma hidrelétrica que atingiu grande parte do território indígena. Lá também a mortalidade por contágio foi alta. Os waimiri-atroari só não foram extintos graças ao trabalho de um casal de missionários católicos da prelazia de Itacoatiara, agentes do Conselho Indigenista Missionário (Cimi). O Cimi, aliás, fora criado pela CNBB, em 1973, justamente para de alguma forma enfrentar o genocídio que decorria das maravilhas do planejamento econômico que Lula quer resgatar.

Ou falemos dos uru-eu-wau-wau, ou dos suruí, ou dos cinta-larga, de Rondônia, indiscriminadamente alcançados pela rodovia Cuiabá-Porto Velho, por uma colonização planejada em descompasso com a condição humana e em grande parte levada adiante por objetivos militares. Todos sofreram graves violências e tiveram grandes perdas populacionais.

Quem quiser mais informações, procure as publicações documentadíssimas e seríssimas do antigo Centro Ecumênico de Documentação e Informação (Cedi). Tem tudo lá, tim-tim por tim-tim.

Só que as coisas não param por aí. O mesmo planejamento estratégico que criou toda essa miséria criou outras misérias mais. A mesma expansão do grande capital na Amazônia, com dinheiro público e do povo, estava baseada na concepção militar da "ocupação dos espaços vazios", isto é, índio e trabalhador rural não existiam para a economia planejada da ditadura. Terras ocupadas foram literalmente dadas para grandes empresas. Cito um caso: o antigo povoado de Santa Terezinha (atual município de mesmo nome), no Mato Grosso, à beira do rio Araguaia, viu-se, de repente, *dentro* de uma descomunal fazenda do Banco de Crédito Nacional, a Companhia de Desenvolvimento do Araguaia (Codeara). Os donos da fazenda fizeram o plano de construção de uma cidade exatamente no local do povoado já existente. E, claro, quiseram pôr os moradores para fora, derrubaram o ambulatório médico construído pelo povo, meteram o trator em cima do que já estava feito. Em 1973, houve uma revolta no povoado, os moradores enfrentando à mão armada os jagunços da fazenda. Só então, a bem planejada ditadura decidiu baixar um ato complementar obrigando a audiência prévia do ministro da Agricultura em casos de despejo rural. Ah, esqueci: nessa época, José Genoíno, mais tarde candidato do PT ao governo de São Paulo, estava envolvido na chamada Guerrilha do Araguaia, estava por lá e sabe, portanto, do que estou falando. Ele foi um dos poucos sobreviventes da repressão do Exército contra seu grupo, mortos cujos corpos não tiveram até hoje a localização revelada. Como pode ele apoiar a esdrúxula tese das maravilhosas virtudes do planejamento econômico da ditadura?

Milhares de posseiros foram expulsos de suas terras, violentamente, da noite para o dia, sem destino, sem nada. Foi o que levou, novamente, a CNBB a agir e a criar a Comissão Pastoral da Terra, em 1975, para assistir, estimular e apoiar a resistência dos posseiros contra o esbulho que sofriam. Aliás, vale a pena dar uma olhada no documento *Igreja e problemas da terra*, em que a CNBB firma uma posição ética notável em relação a essas violências.

Muitos desses posseiros estavam na terra há três gerações e tinham direito líquido e certo ao reconhecimento do direito de usucapião das terras devolutas ocupadas. Lula e o PT não podem dizer que não sabem disso. Muitos dos militantes dessa cruzada humanitária, que custou prisões, humilhações e a própria vida a sacerdotes, religiosas e agentes de pastoral, estão agora nos quadros do partido e há até os que são seus conselheiros. Há muito choro e ranger de dentes na história dos efeitos econômicos e sociais desse "maravilhoso" planejamento econômico da ditadura militar. Mas as lágrimas secaram na face das vítimas esquálidas do milagre econômico. Agora é a vez do sorriso dos gordos e roliços.

Mas a coisa não para por aí. Para devastar a mata e transformar a terra em pasto de duas vacas por hectare, era preciso um grande número de trabalhadores na derrubada. Os anos 1970 foram na Amazônia os anos do terror do trabalho escravo, ressuscitado e multiplicado da experiência dos velhos seringais, onde milhares de pessoas já haviam padecido e morrido desde o início da expansão da borracha, no século XIX. Segundo Sue Branford e Oriel Glock, em seu livro *The Last Frontier*, entre 200 mil e 400 mil pessoas trabalharam em regime de escravidão nos nossos anos 1970 na Amazônia, os anos do largo elogio de Lula ao planejamento econômico da ditadura. Branford é corretíssima jornalista inglesa, muito ligada ao Brasil, fala português perfeitamente, simpatizante do PT, dedicada a um jornalismo social de alta competência. Fez suas estimativas com base nas áreas de floresta derrubada, calculando quantos trabalhadores eram necessários para derrubar um hectare de mata. A maioria desses trabalhadores era levada do Nordeste. Em 1971, dom Pedro Casaldáliga, ao empossar-se bispo de São Félix do Araguaia, em sua carta pastoral *Uma igreja da Amazônia em conflito com o latifúndio e a marginalização social* (disponível no site da prelazia: http://www.servicioskoinonia.org/Casaldaliga/cartas/1971CartaPastoral.pdf) denunciava em detalhes a barbaridade da escravidão que se espalhava nas novas fazendas que estavam sendo abertas na margem esquerda do rio Araguaia. Tinha de tudo: captura e assassinato dos trabalhadores escravizados que tentavam fugir, tortura, açoite, tronco, confinamento durante a noite, trabalho sob mira de pistoleiros. Era uma das "maravilhas" do planejamento econômico da ditadura. Nunca o Brasil foi tão denunciado por violação dos direitos humanos, até mesmo pelo restabelecimento da escravidão, quanto nessa época.

O planejamento "maravilhoso" da ditadura, que encanta Lula, não ficou só na roça. As cidades também conheceram seus efeitos. Milhares de trabalhadores expulsos da roça, em consequência das transformações nas relações de trabalho das velhas fazendas de café e de cana, foram se aglomerar na periferia das cidades do Nordeste e do Sudeste. Disseminaram-se os clandestinos no Nordeste e os boias-frias no Sudeste e no Sul, condenados aos salários ínfimos do trabalho temporário e incerto, à moradia precária, à comida imprópria e insuficiente. Uma pesquisa feita pela Faculdade de Medicina da Universidade de São Paulo, em Ribeirão Preto, mostrou que os assalariados temporários da cana, recrutados todas as madrugadas em pontos determinados da cidade, padeciam de sérias deficiências alimentares, compensando-as com o consumo excessivo de cachaça para dispor da energia necessária ao trabalho.[2] Crianças e adolescentes das famílias de boias-frias chegavam a ter até 13 centímetros menos de altura do que crianças e adolescentes da classe média de Ribeirão Preto. Era o caminho da criação de uma geração de anões. Tudo fruto do planejamento econômico da ditadura.

Na região metropolitana de São Paulo, o número de favelas cresceu de quatro para mil em curto tempo e o número de cortiços, que são piores do que as favelas, multiplicou-se rapidamente. Só na cidade de São Paulo, o número dos miseráveis do então chamado "milagre econômico", morando em cortiços, passou do milhão de pessoas.

A miséria a que com justíssima razão se opõem Lula, o PT, o PSDB, o PDT, o PCdoB e todos nós que temos estômago e vergonha, foi criada justamente por essa "maravilhosa" economia planejada a que Lula se refere fascinado e convicto, ameaçando-nos a todos com seu retorno. Foi essa a miséria herdada pelos governos civis que sucederam a ditadura, miséria a duras penas e lentamente debelada em condições mais do que adversas. Para combater os efeitos dessas atrocidades da economia do regime militar, Lula propõe o remédio do mesmo veneno de serpente que deu origem a tudo isso. Como é possível um equívoco desses? Elogiar o planejamento econômico da ditadura é um insulto às suas vítimas e uma ameaça a todo o povo brasileiro.

Não bastasse essa empolgada adesão ao que a ditadura militar nos legou no plano social, Lula adere também ao militarismo. Em seus entusiásticos discursos aos militares, ontem, no Rio de Janeiro, Lula manifestou-se contrário ao Tratado de Não Proliferação de Armas Nucleares, que o Brasil, por inspiração e opção pacifista, assinou há alguns anos. Ele preconiza, ao fim e ao cabo, que o Brasil *não* renuncie à possibilidade de produzir armas nucleares. No mínimo, essa é uma implicação de sua fala, caso contrário sua opção não teria sentido. Prefiro a produção de bombas de chocolate. Acho que as crianças também. E os pais delas também. E, por favor, não venham me dizer que ele não disse isso. Ontem ficou clara a teia de compromissos estratégicos e internacionais da candidatura dele. Quem viveu os anos da Guerra Fria sabe do que estou falando. Esse simples imprudente anúncio já é suficiente para levar inquietações aos países vizinhos e desencadear uma corrida armamentista no continente, com sérios danos a economias já debilitadas e graves prejuízos a uma legião de vítimas de uma economia injusta.

Tenho a impressão de que o Lula do discurso desta sexta-feira, 13, está bem longe do Lula do discurso de 1º de maio do ano da morte de Fleury e bem longe de todos nós que estávamos lá. O teatro da vida mudou de endereço. É pena, muita pena, que as pessoas mudem tanto para seguir o *script* da conveniência eleitoral, como é pena que não haja limites nas alianças e rendições incondicionais.

Notas

[1] "[...] Lula várias vezes arrancou aplausos – uma delas, quando elogiou a capacidade de planejamento do regime militar (1964-1985)." Lula falou aos militares em encontro promovido pela Fundação de Altos Estudos e Estratégia, presidida pelo ex-ministro Pires Gonçalves (general, ministro do Exército), vinculada à Escola Superior de Guerra (ESG), e em encontro promovido pelos clubes militares. Cf. Wilson Tosta e Tania Monteiro, "Lula apela para nacionalismo e agrada a militares", em *O Estado de S. Paulo*, 14 set. 2002, p. 4.

[2] Cf. José Eduardo Dutra de Oliveira e Maria Helena Dutra de Oliveira (orgs.), *Boias-frias: uma realidade brasileira*, São Paulo, Academia de Ciências do Estado de São Paulo/Conselho Nacional de Desenvolvimento Científico e Tecnológico, 1981.

Lula reaviva sebastianismo

Lula se referiu aos pobres como "nossos filhos" e se apresentou à população como o primeiro "presidente companheiro" do país. Isso configura uma tendência populista do presidente eleito?

Lula é um político intensamente interativo, diferente do PT corporativo que o apresentou como candidato, muito refratário às expectativas populistas de uma boa parcela do eleitorado. Por isso, Lula aceitou bem o roteiro de conduta populista que estava diluído nas expectativas do eleitorado, roteiro que ele consegue identificar e interpretar. Mas, muito depressa, terá que conhecer e reconhecer a liturgia própria do cargo e com ela identificar-se. Não há "presidente companheiro" nem pode haver, pois o único companheiro do presidente é o poder.

É possível identificar tendências messiânicas na expectativa popular em torno do governo Lula? O presidente eleito tem alimentado voluntariamente isso?

Somos um país messiânico e milenarista ainda hoje. A candidatura de Lula foi gestada muito antes de ele saber que era o escolhido e sem que se soubesse que seria ele o eleito dos filhos da promessa. Tem, portanto, uma origem messiânica.

Tudo começa com a designação de dom Jorge Marcos de Oliveira, bispo de Santo André. Ele era um homem extraordinário, uma das primeiras figuras verdadeiramente progressistas da Igreja Católica no Brasil. Dom Jorge foi para o ABC para estabelecer ali a presença política da Igreja entre os operários, numa região dominada pelos comunistas. Aproximou-se deles, foi para a porta das fábricas, apoiou e liderou greves e começou a estimular o aparecimento de uma liderança sindical de esquerda, mas não comunista.

Foi nesse quadro de uma esquerda alternativa que se preparou o cenário para o aparecimento de uma liderança operária, de algum modo católica, que fosse além do discurso sindical e se transformasse numa liderança política. A rede política das Comunidades Eclesiais de Base, com a criação do PT, foi fundamental para fazer do nome de Lula um nome nacional, de esquerda, mas abençoado pela Igreja. É inestimável essa ação da Igreja para diversificar as esquerdas e, em certo sentido, democratizá-las. Os trabalhadores católicos tiveram, assim, a oportunidade de se expressar e se organizar politicamente, como agrupamento de esquerda, sem se sentirem numa relação de traição com sua classe social, que era o que acontecia antes, confinados em aparelhos políticos clericais e reacionários.

Foi a Igreja, e não as esquerdas, que criou a figura poderosamente simbólica que, na pessoa de Lula, cumpre a promessa do advento do ungido. Na verdade, um reavivamento do sebastianismo, a espera messiânica no retorno do rei dom Sebastião para libertar o reino.

As três derrotas eleitorais de Lula para a presidência não foram compreendidas nem aceitas por esse eleitorado fortemente impregnado de sebastianismo. A perda da eleição para Fernando Henrique, em 1994, foi para os petistas insuportável, e mais insuportável em 1998. Se Fernando Henrique era um homem de esquerda, como podia disputar a eleição com o ungido de Deus e derrotá-lo? Daí um extenso e complicado processo de satanização do presidente, que vem até hoje, baseado em afirmações esdrúxulas a respeito de ter abandonado suas posições de origem, quase um traidor da causa, um usurpador do direito divino de Lula. Um frade, que tem grande responsabilidade na unção do ex-metalúrgico de São Bernardo, desde os primeiros dias da eleição de Fernando Henrique encerrava suas mensagens eletrônicas com estas palavras de ordem: "Fora FHC!".

Já nas vésperas destas eleições, comecei a observar novas evidências de uma crença messiânica em torno de Lula: pessoas querendo tocá-lo. Mais recentemente, o episódio da visita ao menino Bruno, imobilizado numa cadeira de rodas por uma bala perdida, também vai nessa direção. Menos por uma explícita crença religiosa e mais pela concepção implícita de que Lula é o presidente dos desvalidos, dos injustiçados, dos fisicamente impossibilitados de serem eles próprios. Tudo isso é núcleo de uma crença messiânica. Esse fenômeno traz à mente os reis taumaturgos, da Idade Média, cuja legitimidade estava na capacidade de operar milagres, bastando tocá-los. Só o ungido podia curar ou redimir os pobres. O substrato medieval do nosso catolicismo popular subsiste e é muito forte. E a ação das Igrejas no sentido de construir essa imagem de Lula é mais do que evidente.

O aparente populismo de Lula está mobilizando valores e concepções de um passado remoto, mas reconhecidamente persistente. Nossos arcaísmos estão procurando se cristalizar em torno dele, da mesma forma que nossas frágeis e fragmentárias tradições de esquerda. Uma combinação impossível. Aparentemente, Lula não contribui de modo consciente para alimentar essa rede de crenças arcaicas, mas isso, evidentemente, não depende dele.

O PT tradicionalmente se pautou pela recusa do figurino getulista do "pai dos pobres". Essa diferença pode estar se diluindo?

A recusa do getulismo pelo PT é mais dos dirigentes e do ideário do partido do que do seu eleitorado. De certo modo, chega ao PT através dos intelectuais que um dia foram ligados à Esquerda Democrática, facção da União Democrática Nacional (UDN), partido que, no fim de sua história, era de direita. A popularidade original de Lula se deu no ABC, de muitos modos uma região fortemente getulista até hoje. Nessa cultura, Lula foi gestado e aprendeu a fazer política. Lula representa o renascimento de muitas proposições do getulismo, especialmente no antagonismo do PT ao PSDB e ao presidente Fernando Henrique Cardoso, que se propôs a encerrar a Era Vargas.

De certo modo, Lula conseguiu se tornar herdeiro dos órfãos de Vargas, que são muitos, por exemplo num certo nacionalismo econômico, bastante parecido com o do antigo presidente.

O simbolismo em torno de Lula é uma "compensação" sociopsicológica ao estilo de FHC?

Fernando Henrique tem procurado presidir a República como um magistrado, em face dos ministros que representam o pacto político que o tem sustentado. Portanto, as funções de visibilidade foram transferidas para os ministros. O presidente da República, com Fernando Henrique, recolheu-se à solidão do poder. Foi uma tentativa de modernizar profundamente a função presidencial, torná-la expressão de um modo moderno de exercício do poder, um sinal de opção e respeito pelos direitos do cidadão. Cidadão que deveria se expressar politicamente em função de seus direitos, e não em função de ter sido fascinado e enfeitiçado por quem ocupa a presidência.

Tudo indica que, com a eleição de Lula, os eleitores pretenderam um "aquecimento" na figura presidencial, como houve em outros tempos, nem sempre com sucesso. Pretenderam libertar o presidente da frieza litúrgica do cargo.

Que papel forças sociais como o MST e os servidores públicos terão no governo do PT?

Os servidores públicos partidarizados, majoritários na CUT, vão se sentir mais à vontade com Lula do que com Fernando Henrique, e não causarão àquele os problemas que causaram a este: tornaram lenta a execução das decisões governamentais ou dificultaram sua execução.

Já o MST tem como problema fundamental o fato de que perde a função política com a eleição de Lula. Em grande parte, a enorme contribuição do MST à ascensão do PT e de Lula consistiu em manter as demandas populares do campo além de seus verdadeiros limites, o que resultou numa imagem negativa do governo. Passeatas, invasões e acampamentos reforçavam continuamente a imagem dessa espécie de déficit falso de política social. Por mais que o governo fizesse, sempre era insuficiente.

Com a eleição de Lula, já não poderá manter a mesma luta ou, ao menos, não poderá mantê-la com as mesmas características e a mesma intensidade. Terá que mudar de curso, mesmo que não aceite funções no governo. O registro tonal das ações do MST está num diapasão bem específico, o de desqualificar todas as iniciativas do Estado. Mesmo que o MST abrande sua conduta política, isso será interpretado como recuo e todas as ações por ele praticadas durante o governo FHC revelarão uma face que nem o MST nem o PT podem assumir, a do oportunismo eleitoral que as teria motivado. Mesmo que isso não seja eventualmente verdade, dificilmente as coisas deixarão de ser interpretadas desse modo pelo público.

Uma dupla gestação

Complementares entre si, os documentários *Peões*, de Eduardo Coutinho, e *Entreatos*, de João Moreira Salles, nos mostram a metamorfose do operário em presidente da República, na pessoa que neste país a personificou de maneira completa. Uma positiva quebra de nossas tradições políticas, sem dúvida. Uma afirmação eloquente da democracia.

Trata-se de um competente ensaio sobre o duplo e o ser em Luiz Inácio. Somos convidados a compreender Luiz Inácio à luz do que foi a trajetória de Lula, o que inevitavelmente fará com que Lula seja compreendido e decifrado à luz da sua nova identidade de Luiz Inácio. A admiração dos autores por seus personagens, os peões e o candidato, não tolhe, antes instiga, como é próprio do bom documentário, o protagonismo do espectador, convidado a comparar os momentos, a fazer sua interpretação. Ao fim das exibições, cada um sai da sala com sua própria versão do filme na cabeça e até no coração.

No diálogo subjacente dessas duas personalidades, Lula-Luiz Inácio nos interroga sobre temas tão pouco debatidos e tão pertinentes na democracia, que são os da gestação social do líder e da construção política do governante. Poucos políticos têm passado por uma transição biográfica marcada por significados e símbolos tão contraditórios.

Tanto Eduardo Coutinho quanto João Salles têm conhecida e sólida competência na realização de filmes que procuram, com êxito difícil no cinema, trazer para o documentário a questão do tempo social como tempo histórico e como alternância biográfica, como a denominou o sociólogo Peter Berger para se referir às rupturas nas biografias.

Coutinho nos mostra isso no primoroso *Cabra marcado para morrer*, em que retoma o mesmo documentário, que já não é o mesmo, muitos anos depois de iniciado. O próprio filme ganha vida e se torna protagonista de uma reivindicação de justiça e de um debate sobre a injustiça.

Para que não haja dúvida quanto à sua visão crítica do personagem e do filme, em *Teodorico, imperador do sertão* Coutinho nos fala de um homem que personificou tão amplamente o poder pessoal que se tornou seu próprio fantasma. Tornou-se duplo de si mesmo, como se vivesse sob o encantamento do poder sem limites de um único homem, traduzido na ficção de ser senhor de um pedaço de terra que, por isso, o fez senhor de corpos, mentes e almas.

João Salles também preza o tempo social, no seu caráter corrosivo e nos fantasmas que gera. Em *O vale*, é a saga do tempo que derruba monumentos, poderes, pretensões: o descendente de um barão do café do Vale do Paraíba, que fora senhor de 800 escravos, vive tanto tempo depois aprisionado pelos restos e vestígios do passado, sobrevive como vendedor de ovos de porta em porta, convertido em fantasma do próprio avô.

A inevitabilidade do tempo retorna em sua trilogia *Futebol* para desmontar as biografias míticas, as vicissitudes, o momentâneo da glória, de um jeito fácil-difícil de produzir os astros e desproduzi-los, prisioneiros do instante e do efêmero. Sobretudo na estreiteza das alternativas de vida em *Notícias de uma guerra particular*, ele toca na ferida aberta da sociedade, naqueles âmbitos em que as pessoas nascem para morrer antes do tempo, como dizia frei Bartolomeu de Las Casas. É o mundo dos sem destino, dos condenados à brevidade do viver e à incerteza permanente. Por isso, o simples documentário acusa, provoca as instituições, que processam o autor porque não podem processar o filme.

Esses antecedentes nos alertam previamente para a mensagem da unidade dos dois documentários sobre Lula. E, longe de nos porem diante das eufóricas certezas de uma história épica e de um momento de glória, nos põem diante das incertezas decorrentes do caráter corrosivo do tempo histórico, da transitoriedade de pessoas e momentos. Lula-Luiz Inácio intui isso, quando se indaga sobre o que será dele depois do poder. Trata-se de um temor proletário, de Lula falando no interior do coração do já agora Luiz Inácio, um lembrete à sua nova identidade. Uma preciosidade etnográfica no documentário sensível e bem-feito que demonstra a consciência da transitoriedade no personagem.

É nesse sentido que os dois documentários, ao tratar, respectivamente, de Lula antes de Luiz Inácio e de Luiz Inácio depois de Lula, nos sugerem que há também o antes do antes e o depois do depois. Ou seja, nos interrogam em relação à história que se oculta nas biografias do que historiadores do passado chamavam de epônimos, os homens que dão nome a uma época.

O antes do antes nos propõe o grande processo político e histórico de gestação da figura de Luiz Inácio no subúrbio antes de Lula saber disso. Foi na silenciosa disputa entre católicos e comunistas na região do ABC que começou a nascer lentamente a necessidade social e política da figura do líder operário, ainda anônimo, que personificasse a diversidade e a religiosidade da classe operária. O primeiro bispo da diocese, dom Jorge Marcos de Oliveira, veio em 1954, aberto para um diálogo com os comunistas, mas ao mesmo tempo disposto a suscitar uma liderança operária católica. Lula não sabia, porque ainda não era senão o anônimo; mas nessa opção da Igreja começava o movimento, que ele seria chamado a protagonizar mais tarde, de constituição de uma força partidária católica de esquerda, anticomunista. Foram vários os que estiveram no corredor dessa possibilidade e da fama possível.

O depois do depois nos vem no alerta de Lula a Luiz Inácio quanto à incerteza além do poder. Ele entende e menciona que foi ele mesmo quem escolheu esse caminho. Quer tão somente trinta minutos de solidão, para estar consigo mesmo, para ter-se a si mesmo, que já não tem. Na volta à vida comum, descobrirá que sua profissão já não existe, que sua classe operária já não é a mesma, que assim como ele, seu mundo mudou, arrastado pela reestruturação produtiva, pelo tempo e pela história.

Créditos do capítulo

"O triunfo do subúrbio" foi publicado originalmente em *Folha de S.Paulo*, 17 nov. 2002, p. 3.

"Lula e o ABC operário", entrevista por escrito ao *Diário do Grande ABC* (Santo André, SP, 17 nov. 2002), foi publicada originalmente com o título de "Apesar de Lula, o ABC terá de andar com suas pernas".

A entrevista por escrito "A política em tempos de esperança" foi publicada originalmente na revista *Primeira Leitura*, n. 10, dez. 2002, pp. 34-42.

O texto inédito "Digamos que estamos apenas fritos" foi escrito em 14 de setembro de 2002, após o elogio público de Lula à economia da ditadura, três semanas antes do primeiro turno da eleição presidencial e cinco semanas antes de sua eleição à presidência da República.

A entrevista a Caio Caramico Soares "Lula reaviva sebastianismo" foi originalmente publicada em *Folha de S.Paulo*, 3 nov. 2002.

"Uma dupla gestação" foi originalmente publicado em *O Estado de S. Paulo*, caderno Aliás, a semana revista, 28 nov. 2004, p. J5.

A arca de Noé
no lago Paranoá
(2003-2005)

Noé e os bichos desembarcarão, estranhamente, no mesmo lugar onde embarcaram, no lago Paranoá, em Brasília. Terão sempre a dúvida; jamais saberão se nunca saíram ou se nunca chegaram. A viagem lhes terá revelado os mistérios da história e da política, os mistérios do poder.

Os bichos de confiança na arca de Noé

Neste dia 1º de janeiro de 2003, os 22 mil viajantes da arca de Noé estão sendo embarcados no lago Paranoá, em Brasília. Assim manda a lei e o costume. Chegaram de todos os cantos do Brasil para assumir o poder. Noé foi o eleito. São os bichos que, para embarcar, não precisam fazer concurso. Trata-se dos chamados cargos de confiança do governo. Nove mil desses bichos devem ser escolhidos no próprio partido de Noé. Numa hora de desemprego, é um alívio. A questão será a de encontrar tantos bichos talentosos para colocar na arca.

Haverá de tudo: jegues laboriosos, inteligentes macacos, hienas sorridentes, serpentes peçonhentas, aranhas armadeiras, preguiças, suaves micos-leões-dourados, espertas raposas, filosóficas corujas, moscas-varejeiras, borboletas amarelas, mosquitos zumbidores, ouriços, araras-vermelhas, papagaios faladores, pavões misteriosos, corvos famintos, pretensiosos louva-a-deus e até pacíficos pombos-brancos. Haverá também o galo cantador e a representante dos bichos excluídos, a galinha-d'angola, cacarejando o seu "tô fraca", "tô fraca", esperando a hora de bicar o milho do Fome Zero. O tucano ficará de fora porque o bico ocupa muito espaço.

Noé será confinado num dos camarotes, como manda a lei. Um ou outro bicho mais íntimo poderá eventualmente visitá-lo para dizer como vai indo o Carnaval da bicharada. Noé embarcará com um exemplar do Fome Zero embaixo do braço e um manual de instruções médicas para emagrecer numa das mãos. Descobrirá as contradições de quem tem o leme da arca: maneirar a gordura própria e saciar a fome alheia.

O primeiro ano dos 22 mil bichos será confuso. Antes de trabalhar, cada um terá que encontrar o beliche em que vai dormir, descobrir onde é o refeitório e onde é o banheiro, como se movimentar em tantos corredores que levam sempre ao mesmo lugar. No livro de bordo, isso se chama burocracia, emperramento da máquina, primado da lei. Cada bicho terá, sobretudo, que descobrir a razão de o companheiro Noé tê-lo escolhido para embarcar.

Cada bicho acabará descobrindo que Noé e os companheiros bichos mandam menos do que pensam: a arca flutua sozinha, na calmaria dos bons momentos ou mesmo em águas revoltas. Às vezes encalha, outras vezes aderna, outras vezes embica no porto errado. Apesar de tudo, a arca chamada Brasil nunca naufragou, nunca pôs em risco a bicharada republicana. Seus arquitetos e carpinteiros foram muito competentes. Já eram decentes e cumpridores do dever antes de a decência ser banalizada como *slogan* de campanha eleitoral.

No fim do primeiro ano, a bicharada começará a ficar preocupada. Terá perdido um ano só para aprender como a arca funciona, como evitar que afunde, qual é a língua que nela se fala, se há papel para distribuir ordens e cumprir promessas. Sobretudo, descobrir se as ordens são inteligíveis e se há quem as cumpra. Mudam os bichos, mas a arca continua a mesma de outros Noés.

Então começará o segundo ano da viagem. Que infiltrações de água diluvial são essas nas paredes? Já fizeram todos os assentamentos do ultimato dado pelo MST? A fome já chegou a zero? O salário já é decente? "Como vamos saber, se estamos aqui fechados?" – comenta lá no fundo o tímido papagaio. Outro ano se passará entre cafezinhos de repartição pública e acertos políticos. Os bichos já terão descoberto que bravata revolucionária não governa e que governar é, em boa parte, apenas preencher os interstícios de uma sólida estrutura política legada por dom João VI. O principal quase não se move. Governa-se mais o secundário do que o relevante. Fazer o quê? Governar é muito menos do que mandar. Quando muito, um ponto e vírgula numa sentença.

No terceiro ano, os bichos descobrirão que o Congresso exige demais e devolve de menos. E, portanto, as promessas não cumpridas têm um motivo e uma causa: a política e a democracia. Descobrirão que, além do terceiro escalão, existem outros escalões invisíveis, bichos que não foram embarcados na arca, mas que exigem e mandam como se bichos fossem. No quarto ano, a memória dos bichos estará enfraquecida pelo ar viciado, pelo café enjoativo, pela gravata apertando a garganta. E pela prudência de esquecer regras, compromissos, princípios. A arca terá mais buracos e frestas do que tinha no começo.

Ao final do dilúvio, a arca pousará suavemente. O corvo será enviado para ver se há vida e não retornará mais, estará se fartando com a carniça que encontrar. Sairá, então, a pomba branca, que retornará mais tarde com o raminho de oliveira no bico. Noé e os bichos desembarcarão, estranhamente, no mesmo lugar onde embarcaram. Terão sempre a dúvida; jamais saberão se nunca saíram ou se nunca chegaram. A viagem lhes terá revelado os mistérios da história e da política, os mistérios do poder.

Os primeiros 90 dias

É cedo para avaliar o governo do presidente Luiz Inácio, sobretudo na medida em que nada há, ainda, para ser avaliado quanto a resultados. É evidente que um governo com mais articulação já teria resultados a apresentar e comportaria uma avaliação inicial. A mais problemática impressão é a de falta de originalidade do novo governo. O que está funcionando é o que representa a continuidade do governo anterior. E o que está dando errado, como o Fome Zero e a reforma agrária, é por falta de continuidade em relação à política do governo anterior. Além disso, o descuido com o fato de que num período inicial de governo se fixa a matriz dos critérios populares de definição da opinião pública quanto aos governantes vai criando a impressão de que o presidente Luiz Inácio está bajulando excessivamente os ricos e batendo nos fracos e indefesos, como os funcionários públicos e os aposentáveis.

Por força do específico carisma de Lula, se lua de mel houve, ainda não acabou. Vai ficando evidente a tendência de expor as dificuldades e incongruências de conduta dos ministros, de pessoas próximas e de membros do PT e, ao mesmo tempo, poupar o presidente. O próprio

Lula censura publicamente ministros e assessores, como especificamente tem acontecido no caso do Fome Zero, tentando criar uma imagem de "povo no poder" e de dedo em riste que o resguarda da ineficiência ou dos erros cometidos por aqueles que ele mesmo nomeou.

O Programa Fome Zero foi um item de campanha eleitoral, mais uma frase de efeito capaz de causar forte impacto. A eficácia sensibilizadora desse discurso levou à armadilha de dizer que um terço dos brasileiros passa fome, o que certamente não é verdade. E o problema localizado da fome em períodos específicos no Nordeste rural é um problema cíclico. O Programa Fome Zero se baseia em estatísticas relativas a municípios rurais e muito pobres. No entanto, o PT não parece dispor de informações sobre a ocorrência efetiva de fome e pobreza nas grandes cidades, porque os famélicos são diluídos nas estatísticas relativas às grandes concentrações urbanas, onde o problema é mais grave e menos visível, sobretudo nas populações que vivem em cortiços e em favelas. O PT não tinha e não tem dados sobre o vivencial da pobreza, que é um problema muito complicado, antropológico. Confunde pobreza com fome. O problema maior é que a dramaticidade da apresentação da causa desencadeou um efeito multiplicador de controle difícil: doações de todo tipo, boa parte das quais o governo nem sabe como utilizar, como caminhões e alimentos. A popularidade do programa e a falta de resultados o expõem a críticas e a desastradas respostas diárias. Teria sido bem mais sensato, bem mais político e bem mais eficaz criar uma coordenação interministerial de combate à pobreza, sem nova burocracia nem novos salários.

A redução do prestígio inicial do governo ao Fome Zero e a notória paralisia destes três meses iniciais do mandato de Lula e do PT vão revelando que ser eleito é uma coisa e governar é bem outra.

O PT é apenas nominalmente um partido político. Na verdade, é constituído por um conjunto de facções partidárias e religiosas com orientação própria. Cada qual tem seu programa não escrito e sua interpretação do que deve ser feito e do que significou a vitória eleitoral de Lula. A paralisia se deve, sobretudo, a esse defeito orgânico do partido. Além disso, o PT não tem quadros suficientes para governar e de fato não tem experiência em relação a problemas macroeconômicos e especialmente macrossociais. A experiência que tem, e quase sempre boa, é em relação a problemas sociais tópicos, nos municípios.

No plano internacional não houve nenhum avanço. Há muita expectativa externa em relação a Lula por conta da popularidade eleitoral do presidente. Ainda é a ressaca da eleição. No plano externo, três pessoas têm agido como ministros do Exterior, sem que se saiba com clareza qual a linha da política externa: o próprio Lula; o assessor especial de política externa, Marco Aurélio Garcia; e, finalmente o ministro Celso Amorim, um diplomata de carreira que atua mais como bombeiro dos incêndios que os outros dois podem causar. No Fome Zero e na assessoria imediata do presidente, os problemas são grandes. Não só as trapalhadas envolvendo o ministro José Graziano da Silva, que é um agrônomo e economista competente, mas também as desencontradas declarações de seu assessor, que é também o assessor religioso do presidente da República, como o definiu recentemente dom Mauro Morelli, bispo de Duque de Caxias (RJ). O desastre das declarações do governo quanto à previdência dos funcionários públicos não pôde ser consertado pelos recuos sucessivos do ministro e do governo. Como resultado, sobretudo nas universidades, uma debandada de consequências irreparáveis está em andamento. Finalmente, se vitória houve na Câmara e no Senado, foi vitória da Câmara e do Senado.

Ainda há instabilidade na relação com o Congresso Nacional. Pelo fato de ter alcançado a presidência da República, o partido ainda acha que pode governar sozinho, o que é difícil para um partido de fato derrotado na eleição para o Legislativo. O que o torna dependente de composições e refém do poder de barganha de deputados e senadores.

A relação estável com o Congresso é sempre possível quem quer que seja o governante. Mas convém não se esquecer de que o Congresso é em boa parte, ainda, constituído por representantes de bases locais, municipais e regionais, mais do que de categorias sociais e de projetos históricos concorrentes. Na história republicana do Brasil, nenhum governante tem conseguido governar numa relação de antagonismos com as necessidades de sobrevivência dessa modalidade de representação política, clientelista, baseada na troca de favores e de cargos.

O Brasil, visto na perspectiva das relações externas, nesse contexto é um país fictício, inventado pelos países ricos para lidar com a suposta ascensão da esquerda ao governo do país. Nesse sentido, as relações com os de lá ora são mais fáceis, como na ida de Lula a Davos, lugar de rico falando de rico sobre riqueza. Esse é um cenário teatral da política.

É mais fácil acertar na aparência, no teatral, do que no substantivo e no conteúdo. O teatral não afeta direitos nem interesses. Ir a Davos foi uma forma de relativizar a inevitável ida ao Fórum Social de Porto Alegre. Já quando se trata das questões substantivas, como a Previdência Social, o Fome Zero e a reforma agrária, tudo é mais difícil porque envolve os problemas de sobrevivência e de futuro de milhões de pessoas. Sem contar que, no plano externo, a imagem e a realidade de uma América Latina sem rumo têm contraponto positivo na continuidade social-democrata que o governo Lula representa em relação ao governo de Fernando Henrique Cardoso, uma espécie de estabilidade nas regras essenciais num quadro de democrática oposição de partidos.

Para governar, o partido teve que fazer alianças com partidos de direita e partidos conservadores, fazendo arranjos explícitos e tácitos, como o de não cassar o mandato de Antônio Carlos Magalhães (ACM), uma figura estigmatizada pelo petismo. Nesse sentido, são indícios claros de que o PT foi contaminado pelos grupos políticos e ideológicos que sempre alegou repudiar.

O PT aceitou o apoio eleitoral de ACM. A cassação de ACM, como querem com alguma razão os extremistas do partido, sinalizaria para todos os parlamentares e para outros setores da sociedade e do Estado que o PT estaria disposto a trair seus amigos e aliados em nome das razões de Estado. O PT, de alguma forma, terá que fazer isso. Mas, se o fizesse agora, tornaria insuportável a relação com o Congresso e os partidos durante os próximos quatro anos, especialmente na sua base de sustentação partidária.

Certamente, existe uma enorme confusão de papéis na relação entre o PT e o governo, como se viu na postura de Lula na reunião do diretório nacional. Lula está revelando dificuldades para compreender que agora ele é o presidente Luiz Inácio. Nele, Lula morreu ou agoniza. Não pode ser os dois ao mesmo tempo nem pode agir como se o governo fosse uma terceira pessoa. Mais do que ninguém, ele é o governo. Exercícios de alteridade podem enganar o espectador popular, mas não podem enganar o eleitor e cidadão. Por outro lado, o PT não parece convencido de que, ao atravessar os umbrais do poder, deixou enroscados do lado de fora os trajes, discursos e propostas que não cabem na prática do governo e na governabilidade. Seus eleitores podem começar a esquecer o que foi dito.

O PT é uma conjunção complicada de facções partidárias. No passado, facções discordantes e descontentes dele saíram para formar outros partidos. Caso do PSTU. E o próprio partido forçou a saída de descontentes, como foi o caso de Luiza Erundina e outros. O PT é um partido monolítico e em certo sentido autoritário. Ele não convive com o dissenso nem pode fazê-lo. E isso é mais difícil ainda para um partido no governo. O poder desfigurará o partido, no meu modo de ver. A história dirá se isso foi saudável ou não.

Ainda não sabemos quem governa; o PT também não sabe nem o próprio presidente Luiz Inácio, como se vê por suas reiteradas queixas em público. Os petistas acham que são eles que governam, mas já não têm muita certeza disso. Os conflitos de parlamentares e militantes chamados radicais com o núcleo do poder e do partido sugerem que eles já têm clara consciência de que estão no governo, mas não no poder. O presidente Luiz Inácio terá que se contentar, como já aconteceu com seus antecessores, em fazer algumas poucas coisas pessoais e no mais terá que deixar o barco correr. Sem dúvida, Lula foi o eleito. Mas não está claro que o PT também tenha sido o eleito.

Lula ainda está padecendo das ambivalências do puerpério de sua ascensão ao poder. Apresenta-se, portanto, com uma espécie de dupla personalidade: o presidente e o operário da porta de fábrica. Esse ser bifronte é acolhido com sorrisos pelos empresários e diretores de empresa. Resta saber o motivo do sorriso. Pode ser por simpatia, por pena ou por íntimo prazer de ver a massa reivindicante reivindicando de si mesma, daquele que a personifica e que agora está dos dois lados dos embates sociais e políticos. O presidente Luiz Inácio está tendo dificuldades para reconhecer a sua metamorfose, para reconhecer que a valorosa lagarta das lutas operárias é agora a esplendorosa borboleta do poder. Ainda não descobriu que não pode ser as duas coisas ao mesmo tempo. Na vida da lagarta está a morte da borboleta. Mas, sobretudo, na vida da borboleta está a morte da lagarta. Logo ele saberá que não pode ter o melhor de dois mundos. Nesse sentido, estamos perto e longe do populismo ao mesmo tempo. Lula está longe do populismo, aprisionado na melancólica solidão da presidência. Getúlio foi um populista exemplar porque não era duas pessoas ao mesmo tempo. O populismo decorre da desigualdade entre o governante e os governados, do confronto dos atributos próprios do poder com as esperanças e carências do povo. O presidente Luiz Inácio não tem essa virtude. Embora herdeiro do populismo getulista, ele não é o outro que Getúlio era. Ele é o um que se partiu em dois.

É compreensível, como se viu agora na reunião do Diretório Nacional do PT, que mesmo o partido já não é o partido das lutas operárias do ABC nem é o partido dos trabalhadores e dos pobres. O novo PT, o PT do poder, o que o poder transfigura e captura, colocou em primeiro plano os temas econômicos, como não poderia deixar de ser. Já um tema crucial na afirmação do partido como um partido nacional, o das demandas de reformas sociais, como a reforma agrária, ficou para uma consideração sintética na resolução final.

A escala de prioridades e precedências, nestes primeiros meses de governo, não deve corresponder ao que serão as suas prioridades definitivas. O PT destes primeiros dias precisa garantir ao empresariado e ao capital internacional que tem mais do que palavras a oferecer como garantia de sua lealdade ao capitalismo e ao capital. O tema da reforma agrária pede menos atenção porque, ao contrário de tudo que o PT disse a respeito da reforma agrária do governo de Fernando Henrique Cardoso, o país tem um programa nacional consolidado de reforma agrária e uma rotina estabelecida de procedimentos.

O risco da mixórdia agrária

São ainda incertos e preocupantes os passos do novo governo para resolver a questão agrária a seu modo. Também para oferecer ao país um programa agrário em que as discordâncias em relação ao já feito, ao já estabelecido e ao que funciona ganhem consistência e viabilidade naquilo que mais interessa ao Brasil neste momento, que é a paz no campo. O partido governante e seus presumíveis aliados têm uma longa história de objeções absolutas, não raro meramente eleitorais, ao modo como até aqui essa questão tem sido tratada pelo Estado.

O grande resultado da política agrária do governo FHC foi viabilizar a aceitação da reforma agrária por parte dos setores mais resistentes e preocupados com os riscos de violação do direito de propriedade. Aceitá-la como instrumento de política social e de correção de injustiças sociais, como instrumento rotineiro de intervenção do Estado nas distorções fundiárias que penalizam não só os pobres do campo, mas o país inteiro. Sem violar o direito de propriedade, no cenário presente um direito fundante, regulamentável, mas intocável, da estrutura política da sociedade brasileira e do pacto social que nos governa.

O governo anterior, de FHC, teve o mérito de retirar da questão agrária a dimensão de um insolúvel episódio da luta de classes. Transformou-a num requisito de política social corretiva, interpretando-a como conflito entre o interesse social e o interesse privado. Esse é o caminho da paz. O novo governo tem falado em terra, mas não tem falado em paz. Negociar e manter a paz é que constitui o verdadeiro ato de competência política.

A reforma agrária, sem dúvida, tem inimigos. De um lado, o ativo e viscoso grupo dos oportunistas crônicos da história brasileira, que age em benefício próprio desde a aprovação da Lei de Terras, em 1850. São os que vivem de se apropriar do que é público e alheio, ocupando, demarcando e documentando terras que não lhes pertencem, raramente para fazê-las produzir, no mais das vezes para colher indevidamente o fruto fácil da renda fundiária, nesse caso, da mera e socialmente iníqua especulação imobiliária. Basta lembrar que o ministro Raul Jungmann anulou títulos que correspondiam a mais de 60 milhões de hectares de terra possuída indevidamente.

São eles os primeiros a comprometer e desmoralizar o direito de propriedade. Esse é o polo enfermo da realidade agrária, em nome do qual toda sorte de violência é cometida contra populações pobres e indefesas. É na defesa dessa anomalia que pistoleiros matam trabalhadores. Ainda temos ilhas perversas de poder pessoal, da justiça privada se sobrepondo à Justiça pública e institucional, e muitos reagindo como se essa fosse uma questão menor.

De outro lado, a reforma agrária tem como inimigos aqueles que a têm como pretexto para lograr e impor ao país inteiro reformas "estruturais" e "profundas" que não são de consenso, sem debatê-las pelas vias legais e políticas com toda a sociedade para demonstrar a legitimidade de sua opção. Sobretudo, sem demonstrar sua viabilidade e sua necessidade históricas. Optam por consertar no berro as injustiças do passado, mais do que por construir a sociedade justa do presente e do futuro.

São reformas para demolir o modelo econômico, que não agrada a eles e não agrada a muitos brasileiros, como se a derrogação do modelo econômico fosse um trocar de cuecas, a vermelha no lugar da branca. São aqueles que se recusam ao diálogo, que empurram a questão da terra para o centro da conflitividade política e depois se retiram sem optar, sem participar da busca de soluções, sem assumir a devida e pública responsabilidade pelo que nos impuseram e sem assumir a responsabilidade pelo que fazem e querem. São grupos de ação política, mas não de representação e negociação. E aí está o seu bloqueio, que pode se converter em bloqueio do governo.

No programa da candidatura presidencial, o partido falava no assentamento de um milhão de famílias. As diferentes facções das hostes partidárias desdenhavam as cerca de 600 mil famílias que foram assentadas ou tiveram sua posse da terra regularizada no governo de FHC. Há poucos dias, visitando um assentamento que resultou de compra, e não de desapropriação, o novo presidente da República explicou que seu objetivo não será assentar mais, e sim assentar melhor. Recua, portanto. Ao mesmo tempo, o ministro da Fazenda contingencia as verbas da reforma agrária e inviabiliza não só o "mais", mas o "melhor".

De um lado e de outro das facções que se polarizam, no confronto que nos arrasta para o perigo de enfrentamentos sem retorno no campo, o que temos é o confronto entre civilização e barbárie, ambos optando pela barbárie e solapando o espaço para que o presidente atue como magistrado, que é o que lhe cabe.

Que o PT não tenha recebido o mandato de revolucionar as instituições fundamentais do país não dispensa o país de agir democraticamente no sentido de atualizar e resolver aquilo que traz inquietações sociais, difunde injustiças, bloqueia o desenvolvimento econômico e social e preserva o risco de conflitos e convulsões que ferem as intenções e os interesses da maioria, se não de todos. Nessa questão é sobretudo necessário evitar o "governo zero".

A República por baixo do pano

O que impressionou muita gente, e deu nojo, foi aquela mão estendendo os pacotes de dinheiro por sobre a mesa, e a mão de quem falava recolhendo-os e levando-os ao bolso, como se nada de mais estivesse acontecendo. A naturalidade do gesto é o que desafia a nossa compreensão. Em poucos dias ficaríamos sabendo que eram cenas de um ato de corrupção nos Correios.

A República treme ante os passos para a instalação de uma CPI no Congresso que investigue os fatos. O ministro da Fazenda prometeu liberar 1,5 milhão de reais por emendas ao orçamento do ano passado para cada deputado federal. O governo espera, assim, comprar votos e consciências e livrar-se da investigação. É claro que não se trata de dinheiro para ser embolsado pelos representantes do povo que aceitarem a transação. Isso seria corrupção propriamente dita. Trata-se apenas de corrupção cívica, supostamente em benefício do povo e do país. Incomoda, porém, a consciência cidadã de todos nós.

Os que tiverem suas emendas atendidas entrarão na próxima disputa eleitoral anomalamente favorecidos por esse dinheiro público, um benefício que não alcançará quem não tem mandato. É evidente que muitas das obras viabilizadas pelas emendas podem ser de interesse público, mas o modo de viabilizá-las se dá à custa do sagrado princípio republicano da igualdade. Também aí a naturalidade do negócio mostra quão frágil é a nossa consciência crítica. Portanto, dentro de algumas semanas, ou até de alguns dias, depois que esses negócios forem feitos, aprenderemos, final e precisamente, o que quer dizer "partido ético" e o que quer dizer corrupção. Talvez os conceitos fiquem claros.

Essa naturalidade tem raízes sociais amplas e antigas. Ficamos indignados porque imaginamos que corrupção é isso, é o que está lá, longe, no poder. Porém, ela está aqui também, junto de nós, na nossa vida cotidiana, é um fato histórico. Somos todos, de diferentes e involuntários modos, cúmplices dela. Não só no voto tolerante, mas também e sobretudo na conivência com um conjunto grande de práticas corruptas e corruptoras que, na nossa inocência, não julgamos que mantenham este país na sua crônica pobreza de ética na política.

O mesmo gesto de empurrar dinheiro na direção de outra pessoa eu vi numa agência bancária há alguns anos. A velhinha que, após receber a minguada pensão do INSS, ficou com as notas e empurrou as moedas de volta para a moça do caixa porque fora "boa com ela". Mesmo que a moça, temendo perder o emprego, explicasse à cliente que apenas cumpria o seu dever. Enquanto acharmos que temos que pagar de algum modo, em dinheiro ou em vassalagem, o atendimento correto e os nossos direitos legítimos, estaremos alimentando a cultura da corrupção.

Não há civismo nem consciência política no ato da velhinha, poderosa contribuinte, como milhões de brasileiros, dessa cultura pré-moderna e servil. A corrupção começa aí. Começa quando no consultório nos perguntam: "Com recibo ou sem recibo?". E nós esclarecemos que é sem recebido, pois assim o tratamento sai mais barato. Nem percebemos que estamos roubando dinheiro público. Ou quando na compra de algo numa loja o lojista pergunta: "O senhor precisa de nota fiscal?". Ora, não é uma questão de precisar, é uma questão de obrigação de quem me vende algo.

Certa vez, durante a ditadura militar, ao retornar ao Brasil de mudança, com a família, despachei uma das malas como bagagem desacompanhada. Fui à alfândega seca de Congonhas para desembaraçar a valise. Preenchi o formulário, paguei a taxa e fui para o galpão de onde se retirava a bagagem.

Antes do meu, havia dois outros casos de liberação de carga, de duas diferentes empresas. Nos dois casos, o fiscal concedeu a liberação da carga apenas quando obteve doações de produtos dessas empresas para um sobrinho. Chegou, então, a minha vez. Abri a mala surrada e, à vista do conteúdo, o fiscal já ficou contrariado – havia roupas usadas de criança, brinquedos usados, um deles quebrado e num pequeno saco plástico alguns livros. Quis saber o que eu fazia. Expliquei-lhe que era professor. Revirou, impaciente, minhas coisas. Finalmente, concentrou-se num dos livros, cujo título era *Museo del Prado*. "Ah! Então o senhor cria cavalos?" Certamente um dos interesses de seu sobrinho. Quando lhe disse que aquele livro era o catálogo ilustrado de um dos mais importantes museus de arte do mundo, que eu visitara com a família na viagem de volta, que nada tinha a ver com cavalos de corrida, o sujeito mandou que eu fechasse a mala. E fez um incrível discurso cívico, de que nunca mais me esqueci: "Eu trabalho aqui o dia inteiro, lidando com coisas que valem milhões de dólares e você vem tomar o meu tempo com uma mala cheia de lixo?". Eu era o ladrão – do precioso tempo do corrupto.

A sociedade inteira está minada por incríveis e variadas formas de corrupção cotidiana, que nos envolvem a todos. Esta foi e continua de certo modo sendo uma sociedade baseada na dominação patrimonial, na troca de favores políticos, com base no patrimônio e no poder político que dele decorre, no privilégio como direito, por benefícios econômicos. Vários estudiosos já demonstraram que, no Brasil do atraso, quem tem poder, mas não tem dinheiro, corre o sério risco de se envolver no recebimento de dinheiro de quem tem dinheiro e não tem poder, mas dele precisa. O Brasil complicado favorece essa troca e dela necessita.

Estamos muito longe da sociedade moderna, contratual, republicana e igualitária. Esta é uma sociedade que teve escravidão, em que a dominação decorria do poder pessoal, as instituições eram e de certo modo continuam sendo desdobramentos desse poder. Ainda nesta semana o presidente Severino Cavalcanti, da Câmara dos Deputados, praticou patronagem em favor de uma usina de álcool vetada como fornecedora da Petrobras e outras empresas, segundo o noticiário, porque está na lista das empresas que praticam o trabalho escravo.

Convém, porém, não esquecer o auspicioso fato de que, no episódio do impedimento de Collor, uma nova geração de brasileiros emergiu repentinamente nas ruas e deu conteúdo ao vago conceito de corrupção pela primeira vez: os caras pintadas, os jovens inquietos de uma sociedade sem causas encontraram uma e foram às ruas. Encheram de conteúdo o conceito vazio e esvaziaram o governo sem conceito.

A República entre o barrete frígio e o boné

O que muitos consideram incômodo e obscuro personagem da cena política é chamado das sombras da coadjuvância, nestes dias cinzentos. Pedem-lhe para iluminar com o vibrante e rubro esplendor de suas bandeiras o caminho difícil da crise e garantir que os santos de barro da canonização recente não caiam do andor vacilante. Refiro-me aos chamados movimentos sociais. Em sua indiscutível capacidade de convocar, organizar e patrocinar, são os que podem pôr nas estradas e nas ruas as massas que os partidos políticos já não conseguem mobilizar. Já não é o PT que precisa deles, mas o próprio governo.

Essa é outra crise, da qual não se fala, latente desde o dia em que o presidente Luiz Inácio tomou posse. Está em jogo quem manda em quem. Sobretudo, está em jogo, nessa convocação, a fonte da legitimidade do mandato presidencial. Isso é grave. O presidente faz o rapapé que pode ao MST, a mais ativa e mais radical organização política substitutiva da bela florescência de movimentos sociais dos anos 1960 e 1970. Sempre que pode, o presidente veste o boné vermelho, mas comete erros que os militantes da causa não ignoram.

Por ocasião da primeira bonezada, a gafe ficou anotada na memória dos sem-terra. Eles não foram lá levar boné para enfeitar a cabeça presidencial. Até porque o único boné que o presidente da República deve pôr na cabeça é o barrete frígio da República e das instituições republicanas, na proclamação permanente de que o governante é o povo personificado no mandato de governar. Na cabeça presidencial apenas o boné simbólico de todos, e não só o de alguns.

Os trabalhadores rurais levaram ao palácio naquela ocasião muito mais do que um boné; levaram produtos de seu trabalho de muitos assentamentos, desde produtos agrícolas até produtos industrializados. Nada disso foi visto. Queriam mostrar sua utilidade ao país, a capacidade produtiva da agricultura familiar. Queriam mostrar que são gente que trabalha, e trabalha muito. Aquela entrega ao presidente era para eles o fragmento da missa da esperança, a liturgia do ofertório. Mas o presidente, ao colocar o boné divertidamente, tratou-os como membros de uma escola de samba das reivindicações sociais e o ato como um divertido desfile no sambódromo da política.

Não foi diferente agora, nesta convocação para saírem à rua em defesa de um ministro que se demitia. Nem foi diferente na comovida recepção de um presidente abatido e desamparado, nesta semana, aos representantes dos chamados movimentos sociais, dentre os quais o mais visível, o próprio MST. Sua excelência sentiu-se apoiado pelos que, com razão, define como amigos de sempre, de todas as horas. E o são. Vários contribuíram poderosamente para criar no país a suposição falsa de que só com ele esta terra teria salvação.

Mas, junto com o apoio, os amigos apresentaram-lhe também a conta: a carta ao povo brasileiro. Não foram lá para apoiar, senão condicionalmente, mas para pedir cabeças, para exigir mudanças nos rumos do governo, para dizer ao presidente como deve governar, que metas deve assumir, que deveres tem deixado de cumprir. Se a orelha direita do presidente já ardia pela ação de sua própria base de apoio, arde agora a orelha esquerda, puxada por aqueles que ainda não ganharam nenhum ministério. Aqueles que, tendo sido dos mais decisivos apoios à ascensão política do PT e de Lula, sentem-se órfãos de governo e de influência política.

Para ficarmos só nos chamados movimentos sociais e nas chamadas organizações populares, o PT, mais do que o presidente, se defronta com uma "sociedade organizada", como a chama, que é o espelho de si mesmo, sua criatura. Por isso, organizações sem a legitimidade própria para socorrer o presidente, os ministros e mesmo o partido. Podem encher a rua de gente, mas não podem tirar de suas casas a multidão dos que foram vitimados pelo ceticismo e pelo desapontamento, que não acreditam em papai-noel e na fábula conveniente e esfarrapada do golpe branco. Seguindo a linha dos partidos de tradição leninista, o PT se empenhou, ao longo de sua história, em converter sindicatos, organizações populares e movimentos sociais em correias de transmissão da vitalidade do partido, como se diz no jargão partidário. O partido, e não a sociedade, como destinatário do vigor popular. O PT fez um longo e eficaz trabalho de aparelhamento dos movimentos de expressão das demandas da sociedade civil, convertendo-os em organizações partidárias e privando-os da autonomia e da vontade próprias à vitalidade de uma sociedade efetivamente democrática. Esvaziou o que de melhor nos legara a ampla resistência contra a ditadura militar.

O PCdoB já havia feito a mesma coisa na cidade de São Paulo ao cooptar e esvaziar, nos anos 1970, o extraordinário e ativo Movimento contra a Carestia. Em grande parte, apoiado pela Igreja Católica, mobilizara sobretudo as mulheres da zona sul na luta contra os efeitos socialmente desastrosos do então chamado arrocho salarial. Ao partidarizar um movimento que tinha metas mais ricas do que as metas partidárias, o partido privou-o da competência questionadora e reivindicativa. O PT seguiu o rastro. Transformou movimentos de afirmação da sociedade e dos cidadãos em movimentos de oposição, ao convertê-los em facções partidárias.

A era dos movimentos sociais parece ter acabado neste país, drenados que foram por uma concepção de política que não os reconhece como legítimo meio de expressão da vontade popular, órfã e ignorada pelos partidos. Os últimos movimentos sociais que tivemos foram o das Diretas Já, cujo grande alcance cessou com a morte de Tancredo Neves, e o movimento dos caras pintadas, que levou ao impedimento de Collor. Ao reconhecer que precisam dos movimentos sociais na quadra difícil com que se defrontam, o PT e o governo veem no espelho do poder não aquilo que buscam, mas aquilo que criaram, o PT na sua face antagônica aos movimentos sociais. Ao presidente, resta o barrete frígio da República.

A resposta aos infiéis depositários da esperança

Algumas das figuras cuja penugem vem sendo sapecada no fogaréu de denúncias e de ocorrências desconcertantes destas últimas semanas personificam o enigma propriamente histórico dos acontecimentos. Os dois Josés mais notórios da crise nasceram politicamente lá atrás, num momento histórico cujo colapso abriu o tempo que levou à gênese e ao triunfo eleitoral do Partido dos Trabalhadores. O que estamos presenciando nestes dias tem muito a ver com esse colapso, que pariu novos sujeitos do processo político, cujo colapso, por sua vez, estamos presenciando agora. Neste incômodo momento, vivemos o fim de um ciclo histórico, o esgotamento de uma alternativa política que, por excessivas contradições, não se confirmou senão fragmentária e incompletamente. Não vejo nenhum indício de que estejamos vivendo o começo de uma nova era, a era de não ter medo de ser feliz. Estamos bem longe dessa consigna meramente publicitária e enganadora, gerada para ganhar eleição, mas não para mudar um país.

O que vemos é o final de um projeto político, de quando os dois Josés eram jovens e expressaram de diferentes modos seu inconformismo com a ordem social e política e de diferentes modos representaram a opção política da juventude de classe média dos anos 1960 por um novo Brasil. Era a geração dos que não confiavam em quem tinha mais de 30 anos, idade que nesta altura já ultrapassaram. Um a expressou na agitação estudantil e urbana de 1968, circunscrita e sem apoio, esgotada em sua forma na decretação do Ato Institucional n. 5 e no recrudescimento da ditadura. O outro a expressou na radicalização juvenil decorrente desse esgotamento, a opção pela luta armada descontextualizada e sem apoio popular e pelo sacrifício cruento na guerrilha rural.

O Brasil passou ao largo dessas opções, arrastado pelo nosso conformismo crônico, amaciado por certa cultura política carneiril do passado que limita nossos horizontes e cala nossa boca. Sempre tem alguém querendo mandar no nosso modo de pensar e no modo de fazer a mudança, mesmo quem diz que vai mudar. É aquela cultura dos que têm medo da criação, da invenção, do sonho, da imaginação. Episódios de intolerância e corporativismo no PT, nas universidades, nas Igrejas, na chamada militância dizem muito o que não gostamos de reconhecer. Prefiro, porém, a hipótese de que, nessa aparente indiferença, o Brasil tenha sido levado à condição de espectador silencioso pela prudência madura de um povo que, gato escaldado, se recusa a ser objeto da aventura alheia.

Ambos envelheceram no modo de fazer política, protagonizaram com destaque, mas não sozinhos, a esquerdização dos vícios da política brasileira e das tradições da dominação patrimonial e populista que, no fundo, é o que estamos vendo nesse vaivém de denúncias. Criaram o neoultrapassado e arrastaram consigo forças generosas e novas, que não foram compreendidas, cooptando-as e institucionalizando-as como energia supletiva do poder pelo poder. Nesse cenário de dilemas e surpresas, emergem também as indiscutíveis virtudes desta sociedade, sua paciência no resistir e combater o que lhe parece errado. É admirável a maturidade política que este país está demonstrando em face de uma circunstância que o tornaria ingovernável.

Os dois Josés não estão sozinhos nessa trajetória. Se são culpados de algo, é de terem uma compreensão incrivelmente pobre do que representaram e representam numa circunstância de imensos débitos sociais, políticos e históricos. Eles e o partido. Perderam a juventude na burocratização partidária e na ânsia de poder.

Lula não é estranho a esse processo de esvaziamento. Também ele padece o esgotamento das vibrantes manifestações operárias dos anos 1970. Tornou-se obsoleto em face da classe social em nome da qual fala. O cenário social da fábrica é hoje o de deplorável fragilização do trabalho em face do capital.

O chamado novo sindicalismo esvaiu-se na fascinação do poder. As circunstâncias da história mudaram, e muito, transfiguraram os protagonistas e sua obra. Na escolha de parceiros da tradição fisiológica e populista, na assimilação do maquiavelismo da corrupção "cívica", a corrupção "de esquerda", dos fins que justificam os meios, que não são necessariamente os dos abomináveis embolsos pessoais, iludem-se e tentam nos iludir. Passam a melancólica impressão de que o partido optou pelo roteiro de Cristóvão Colombo: indo pela direita, um dia chegaremos à esquerda.

Nas entrelinhas do silêncio, as novas gerações esperam. Os últimos quarenta anos trouxeram à vida política milhões de novos brasileiros, que não conhecem os compromissos do passado e querem compromissos com o futuro, o seu futuro. Dos extremismos solitários dos anos 1960 e 1970 aos dias de hoje, temos um lento esvaziamento do radicalismo juvenil, abatido pela repressão, primeiro, e pela desilusão, depois. Esse é o ponto grave. O último episódio de indignação dos jovens foi o das marchas dos caras pintadas, contra a corrupção no governo Collor. Lembremo-nos: os jovens ficaram praticamente sozinhos. Resta saber o que farão agora.

É próprio da juventude recolher a herança da utopia e do sonho, ignorar os compromissos que os esvaziam, reinterpretar o sentido da mudança, encontrar seu próprio caminho até as raízes das carências sociais, dos absurdos, das alternativas desprezadas. Ilude-se quem pensa que as novas gerações se deixam enganar pelo discurso autoritário e autoindulgente de que as patifarias do presente são legítimas porque "todos fizeram e fazem isso". Em primeiro lugar, porque não é verdade. Em segundo lugar, porque fecha as portas para a mudança e torna compulsório o que é inaceitável, o presente. É sociologicamente previsível que novas inquietações estão gestando um novo e radical inconformismo juvenil, novos personagens, novos sujeitos substitutivos dos infiéis depositários da esperança, os que dela fizeram mero pretexto de ascensão política.

As veias abertas da Quinta República

Contra o eventual pedido de impedimento do presidente Luiz Inácio, o atual presidente do PT anuncia que os movimentos sociais serão convocados para defender-lhe o mandato. Justamente aí está um dos aspectos mais problemáticos da história do Partido dos Trabalhadores: a cooptação dos movimentos sociais, como se constituíssem o departamento de agitação social do partido, chamados às ruas por decisão administrativa. Se não tivesse havido essa cooptação, provavelmente o partido não teria chegado ao beco sem saída em que se encontra e o país não estaria mergulhado na angústia da incerteza que o sufoca.

Os movimentos sociais teriam se manifestado há muito com independência e vigor contra formas de conduta política que se tornavam evidentes na arrogância, na indisposição para o debate aberto e democrático, no corporativismo que cega, na atitude refratária e não raro inquisitorial em relação ao pensamento crítico. Se alguém quisesse se tornar uma figura pública consagrada, bastava entrar para o PT e era imediatamente beatificado, até mesmo com água-benta. Na própria universidade, não raro ser petista passou a ser proposto e defendido como sinônimo de competência, discernimento, brilho e virtude acadêmica. Como se os cautos, prudentes e críticos fossem desprovidos dessas qualidades. Vozes discordantes têm sido caladas, intimidadas ou ignoradas pela onda vermelha do indiscutível. Nomes de acadêmicos reputados, vivos ou mortos, têm sido usados para acobertar deficiências e problemas que os espíritos lúcidos e independentes enxergam e analisam.

Intelectuais foram frequentemente chamados a montar uma verdadeira fábrica de racionalizações *ad hoc* para amenizar os defeitos do partido e agravar os defeitos dos adversários, especialmente os mais próximos, os da esquerda não alinhada aos propósitos corporativos, estreitos e intolerantes. Tudo que o PT faz passou a ter justificativa, mesmo as coisas mais injustificáveis. O que era feio no adversário passou a ser bonito no PT. Criou-se a base da cultura da culpa e do culpar.

O adversário passou a ser o culpado por tudo. Pode-se sentir aí o cheiro de enxofre e o calor não muito longínquo das fogueiras da Santa Inquisição. A satanização dos discordantes e dos críticos tornou-se a técnica mais frequente para fechar bocas e encerrar assuntos. O próprio PT substituiu a luz do conhecimento por incerta luminosidade de lamparina.

A convocação dos movimentos sociais, para supostamente defender o presidente, muda a agenda desses movimentos, que estavam planejando uma manifestação contra a corrupção. Esse é um sinal de que os movimentos sociais já não existem, a não ser como associações de interesses partidários. Foram enrijecidos pelo aparelhismo e imobilizados na função de acólitos do partido reinante. Aliás, a orientação de fazer tudo que seu mestre mandar não começou com Lula na presidência.

Os petistas mais abatidos pelas revelações destas semanas acham que seu partido já acabou. Seria uma lástima se isso acontecesse, por tudo que o PT representa na democracia brasileira. O país ficaria politicamente pobre e politicamente frágil. O PT nasceu, é bom que se diga, como um partido diferente das nossas tradições partidárias, tendentes ao fisiologismo. Não é estranho que tivesse tentado incorporar ao seu ideário as demandas mais significativas dos movimentos sociais, que foram a forma característica de ação da nossa incipiente sociedade civil a partir dos tempos difíceis da ditadura.

Foi a primeira vez que um partido fez isso no Brasil. Mas os organizadores do PT, incluindo seus intelectuais, cometeram o erro de não reconhecer que essa fonte nutriente da energia do partido trazia também uma proposta de termos enfim neste país um partido da diversidade social. Um partido que fosse por excelência o oposto de tudo que já conhecíamos na política, um moderno partido das diferenças e dos diferentes. Porque o mundo, e o Brasil também, há muito não é mais a prosaica polarização de proletários e burgueses, de povo e elite, marcado que é hoje por ampla diferenciação social. Em vez disso, o partido assumiu uma estrutura autoritária e centralizadora. Adotou um falso discurso proletário em vez de construir um discurso e uma doutrina da diferença, base de sua origem e substância de sua existência.

A traição começou aí. Se é que houve traição, pois os movimentos sociais aceitaram com alegria o engessamento ideológico, gostaram da sua conversão em organizações burocráticas de ação partidária, a figura do agitador social convertida em funcionário remunerado.

Os movimentos sociais só têm sentido como expressões da vitalidade política da sociedade. A pluralidade de causas que se manifestaram nesses movimentos definiu o perfil de um novo sujeito político num país em que a sociedade civil sempre fora pequena e limitada. O PT contribuiu poderosamente para matar esse novo sujeito. Adotou a técnica de cooptar as formas organizadas de expressão social para alimentar, apenas e unicamente, a engrenagem de seu projeto de poder com a energia da sociedade civil. Os outros partidos de esquerda, social-democratas, socialistas e trabalhistas, têm sua dose de responsabilidade nessa história melancólica. Ignoraram e até desdenharam os movimentos sociais, aquilo que poderia em diferentes momentos ter servido de termômetro de crises e fonte de renovação política. Nossas esquerdas, incluindo o PT, sempre foram elite e elitistas, nunca tiveram de fato grande apreço pela ideia da emergência do povo no cenário político, só quando lhes interessou. A Quinta República entrou em agonia não só com o desdém pelos movimentos sociais, mas com seu aparelhamento. E isso já começara a ocorrer no início dos anos 1990. O moribundo pede agora um milagre. E isso depende de que Lula se converta finalmente num estadista capaz de unir o país em nome da superação da crise de que é o principal protagonista, e não em nome do barato populismo da campanha precoce por um segundo mandato.

A solidão de Lula

Na noite do Dia da Pátria deste estranho 2005, o presidente Luiz Inácio fez um discurso molemente ufanista, alinhavando êxitos de seu governo e anunciando os próximos triunfos. Nas ruas de todo o país, no entanto, marchadores de várias cores e tendências, tradicionais bases de apoio de Lula e do PT, como os movimentos sociais, as organizações populares e o MST, deixaram em casa a bandeira vermelha da estrela e proclamaram exatamente o contrário do que foi dito pelo presidente. Luiz Inácio defendeu a política econômica como um de seus êxitos, que seus aliados de rua abominam por ser herança do governo anterior, o de Fernando Henrique Cardoso. Proclamou os resultados de sua política social, que é na verdade maquiagem de políticas sociais supletivas do governo anterior, que os porta-vozes dos excluídos consideram boa, mas insuficiente. No entanto, mais da metade dos marchadores habituais de outras Marchas dos Excluídos ficou em casa.[1] A política do espetáculo declina. O presidente foi colocado a muitos metros de distância do público para não ouvir vaias e protestos, cercado apenas por atores do aplauso. O rosto de Lula, na televisão e nas fotos de jornais, mostrava os sinais de quem, mais do que ninguém, sabe o que é massa popular e aprendeu a ler gestos, sons e silêncios. Lula sabe que está numa encruzilhada e sabe o pior, que está sozinho.

A solidão de Lula não vem de agora. A solidão de Lula nasce das contradições de origem do Partido dos Trabalhadores, que se propunha a ser um partido operário e acabou se tornando um partido que reúne grupos descaracterizados, cujo clamor pretende ser o clamor dos excluídos, e não dos operários. Um partido que, pretendendo ser um partido de esquerda, não o foi. De um lado, porque recolheu como herança os muitos fragmentos de uma esquerda esfacelada desde os anos 1950 por sua própria dependência externa e por suas graves insuficiências teóricas. Uma esquerda desenraizada, que raramente compreendeu, salvo exceções como a de Caio Prado Júnior, as contradições deste país, suas singularidades, sua diversidade, seus dramas e seus atrasos. Uma esquerda que ainda hoje viaja imaginariamente a Paris para justificar os intelectuais do silêncio, mimetizando Sartre e Merleau-Ponty, em vez de compreender o país também em revelações e análises como as de Darcy Ribeiro e Florestan Fernandes. Um silêncio que o é porque estrangeiro e alienado. Uma esquerda que, incapaz de fazer a revolução social porque fantasiosa e descolada da realidade que é a do país da pobreza domesticada, do Carnaval permanente e da esperança sem reticências, optou pelo oportunismo de fazer do Estado aparelhado partidariamente o sujeito por excelência da história.

De outro lado, o PT se constituiu a partir do sindicalismo autodenominado autêntico, o sindicalismo afluente do operariado da indústria moderna e de ponta, o de resistência à tradição sindical do Estado Novo, mas nem por isso muito melhor, da elite operária, e não o da maioria. De qualquer modo, o sindicalismo da negociação inteligente, e não da negociação subserviente; o sindicalismo para pôr o militante dentro da fábrica, e não o de conveniência para manter o sindicato longe do trabalho. O novo sindicalismo é o de Lula e é dele que fazem parte os "companheiros" substitutivos da esquerda residual recém-removida do próprio governo de Luiz Inácio.

Mas o grupo mais significativo deste Dia da Pátria é o da facção religiosa do PT, majoritariamente católica, um terço do partido. A facção religiosa se manifesta no Dia da Pátria desde 1995, através da Marcha dos Excluídos, uma das formas processionais de protesto social, organizadas e apoiadas pela Igreja Católica, mistura de religião e política. Nasceu para questionar em nome dos excluídos de todo tipo a política econômica dita neoliberal do então recém-instalado governo de Fernando Henrique Cardoso. Nasceu para fazer oposição, e não necessariamente para propor superação. A estrutura da marcha é funcionalmente oposicionista e, de fato, não conseguiu se adaptar à realidade de um governo que agora é petista. Preservou sua dinâmica de oposição e demole o governo que é o seu.

Esse não é o maior e mais complicado problema desse grupo e da santíssima trindade partidária que pôs Lula no poder e agora não consegue sustentá-lo devidamente. A facção religiosa considera de esquerda qualquer oposicionismo a tudo o que ela abomina e questiona. Na verdade, os fundamentos filosóficos e políticos dessa facção vêm do que havia de mais interessante na tradição conservadora. Essa facção nasce politicamente, no Brasil, em oposição ao comunismo e ao Partido Comunista. Nasce direitista. Teve, no devido tempo, a enorme importância de trazer para o centro da militância política o personalismo de Mounier, fundador da revista *Esprit*. O que para muitos inspirou a releitura de Marx na perspectiva propriamente sociológica de sua obra, em contraposição ao economicismo indigente do marxismo oficial. Foi a facção religiosa, através das pastorais sociais e da CUT, que essa facção ajudou a disseminar, que deu dimensão nacional ao PT. Foi ela que forneceu ao partido algo que os outros dois grupos – o sindical e o esquerdista – não tinham a menor condição de oferecer: a mística política de fundo religioso, o sistema conceitual que baliza os discursos do partido. Forneceu-lhe o didatismo maniqueísta que demarcou a fala presidencial do Dia da Pátria, o do Brasil dividido em duas categorias, as pessoas supostamente de bem, de um lado, e as supostamente mal-intencionadas, de outro; as que são pelo governo e as que são contra o governo. Isso é bíblico, mas não é dialético nem é político.

O moralismo de fundo religioso tem um projeto político para o Brasil, expresso na fala de um dos organizadores da marcha: "O que todos os movimentos sociais estão dizendo é que esse sistema de representação política baseado nos partidos não serve". Ao impugnar o sistema partidário e de representação política, portanto a democracia, estão sugerindo a alternativa da democracia direta, de massa e de rua, mediante pressão, a política do governante fantoche. Lula lá já é Lula só, assediado para se tornar instrumento de uma das três facções do PT que disputam a alma de Luiz Inácio. Essa é a originária mãe da crise.

Nota

[1] O chamado Grito dos Excluídos é uma marcha realizada desde 1995 na Semana da Pátria, organizada pela Pastoral Social da Conferência Nacional dos Bispos do Brasil (CNBB), com apoio do Conselho Nacional das Igrejas Cristãs (Conic), que, além da Igreja Católica, reúne a Igreja Cristã Reformada, a Igreja Episcopal Anglicana do Brasil, a Igreja Evangélica de Confissão Luterana no Brasil, a Igreja Sirian Ortodoxa de Antioquia e a Igreja Presbiteriana Unida.

A ordem sem progresso e a corrupção

O Brasil que ganhou visibilidade nos últimos meses e teve seu momento litúrgico mais importante na sessão de quarta-feira da Câmara dos Deputados, quando da cassação do deputado federal Roberto Jefferson, em 14 de setembro de 2005, não é o Brasil da corrupção e do moralismo relutante. Tampouco é esse um embate entre direita e esquerda. Os angustiantes capítulos dessa novela nos falam de outro Brasil, que agoniza, mas insiste. O embate é entre o arcaico e o moderno. Nos costumes antigos, o Brasil arcaico tem insistido em ficar. Também na vida política e na vida social. E ainda é forte entre nós a cultura da permanência, o arcaico sobrevivendo, demorando-se além de seu tempo. Na política não há especialistas na arte de bem morrer, o que é uma pena. No passado era malvista a resistência do moribundo a morrer quando chegava sua hora. Mas havia os que tratavam de convencê-lo a partir.

Sempre que se fala em corrupção, não são poucos os que se surpreendem. Menos por sua ocorrência e muito mais pelo conceito estranho e negativo para coisa conhecida e aceita. A população sabe bem o que é o roubo e o abomina e pune, até mesmo com a cruel violência do linchamento. Mas corrupção já é outra coisa, dinheiro que os mandões desde os tempos do Império podiam aplicar em benefício dos desamparados, dos pobres e carentes. Não havia distinção, e em muitas partes continua não havendo, entre o público e o privado, conceitos provenientes de sociedades que tiveram outra história. A República se fez à custa da transigência em relação a esses e outros limites.

Quem ataca a corrupção acaba atacando os pilares da persistente política brasileira do clientelismo e do populismo, os fundamentos da chamada dominação patrimonial. Mesmo em nossas grandes e supostamente modernas cidades, esse é o meio pelo qual milhões de brasileiros têm acesso a algum benefício público. Mesmo para ter direitos assegurados em lei, milhões de brasileiros dependem do patrocínio e da proteção de algum pai da pátria e sua rede de dependentes e serviçais, até mesmo no supostamente burocrático e neutro guichê de repartição pública. Em parte, o Congresso Nacional é a instituição que reflete esse Brasil real.

O Brasil arcaico não vê corrupção em diferentes modos pelos quais se dá a transferência de dinheiro do público para o particular e do particular para o público em nome de interesses e conveniências que não podem ser reconhecidos por escrito. A lei, que expressa os anseios do progresso, fica postiça em face dos anseios do costume e da ordem, do chamado Brasil profundo, que não está apenas lá longe nos sertões, mas está também aqui mesmo no substrato da nossa consciência coletiva e de nossas tradições mais antigas, na nossa tolerância e na nossa indiferença. Estamos acostumados. O embate entre a ordem e o progresso é antigo entre nós. Não por acaso foi colocado pelos republicanos na bandeira nacional como lema da conciliação e de todos, anunciando o progresso lento, regulado pela ordem e pela tradição. Somos prisioneiros desse impasse e nada indica que ele será superado no nosso tempo.

Os cientistas sociais previram que o Brasil moderno venceria o Brasil arcaico. Mas a lentidão da nossa história mostra que as coisas não são bem assim. Todo esse confuso enredo político destas semanas é cabal demonstração de que mesmo um partido político como o Partido dos Trabalhadores, que se pretende o partido da história e o partido da modernidade, o verdadeiro partido de esquerda, tem uma prática política carregada de arcaísmos. Não só nas ações ilícitas que vêm sendo denunciadas. Mas também nos arranjos políticos corporativos que o sustentam, liames tanto com um novo clientelismo rural quanto com um novo populismo urbano. Ao se propor como um partido popular de excluídos, e não propriamente como um partido socialista de trabalhadores, apesar do nome, o PT se mostra como um partido do Brasil arcaico na sua política social neopopulista e neoclientelista. Como é evidente na suplência caritativa de programas como o Bolsa Família. Uma política necessária, aliás, mas não decisiva nem transformadora. O PT não é um partido de esquerda, porque, nessa sua orientação, não se propõe como um partido de emancipação do povo de suas carências e dependências, não se propõe como um partido de libertação, de rompimento da subalternidade dos condenados a prestar homenagem aos donos do poder. Em vários rincões remotos do país, ouvi de sertanejos essa expressão, como magoado nome da servidão em que muitos ainda vivem, tendo que, por qualquer motivo, pedir a bênção a quem manda e decide os direitos dos outros. A corrupção lubrifica essa engrenagem.

No entanto, na lentidão característica de nossa história, tem havido avanços. Esta semana foi adversa para o Brasil arcaico, de direita ou de esquerda. A prisão preventiva de um ex-governador e ex-prefeito, a cassação do deputado que fez a coerente justificativa da indistinção entre público e privado, a revelação das bases do poder retrógrado do presidente da Câmara. E também o encaminhamento dos pedidos de cassação dos novos representantes da ordem. O Brasil legal deu passos para passar a limpo o Brasil do costume, para trazer esquerda e direita ao mundo moderno.

Mas ao mesmo tempo, apesar da crise, o declínio do prestígio do presidente, inferior ao previsível e racional, mostra que ele é sustentado por seu próprio carisma, relativamente a salvo do que ocorre com o PT. Um carisma que é a expressão mais densa do Brasil arcaico, místico, que trocou a esperança política pela esperança religiosa, ainda que com cara partidária. Os votos contrários à cassação do deputado, que somaram um terço do total, expressam a mesma coisa. E toda a contradição de ordem e progresso chegou ao Supremo Tribunal Federal; ficou clara no *habeas corpus* dado aos deputados petistas que estão a caminho da cassação. O Brasil arcaico se protege nos formalismos da lei e dos ritos do Brasil moderno. Necessitam-se reciprocamente.

A solidão do cidadão Nildo

Jovem, filho natural de lavadeira, caseiro, assalariado, de ascendência negra, um homem simples, cidadão brasileiro, Francenildo dos Santos Costa, o Nildo, alegando ter sido citado impropriamente por um dos envolvidos no escândalo do mensalão, deu entrevista ao jornal *O Estado de S. Paulo* sobre frequentadores de mansão alugada em Brasília por expoentes da chamada República de Ribeirão Preto. A entrevista repercutiu. Francenildo foi chamado a depor na CPI dos Bingos. Nildo testemunhara fragmentos de fatos dos porões do poder. Teve tempo de mencionar a identidade de frequentadores da casa, um dos quais ministro de Estado que negara antes, na própria comissão, semelhante frequência. Foi interrompido por medida judicial de membro do Supremo Tribunal Federal, solicitada por senador do Partido dos Trabalhadores depois de reunião de altos membros do governo no Palácio do Planalto.

Sob proteção, no recinto da Polícia Federal teve documentos arrecadados e teve o sigilo de sua conta bancária violado na própria Caixa Econômica Federal. Um extrato chegou à imprensa. Na conta, havia quantia que servia para torná-lo suspeito de ter recebido dinheiro para supostamente afirmar que vira na casa, várias vezes, o próprio ministro que negara ter estado lá. Explicou que o dinheiro fora depositado por seu pai natural, pequeno empresário no Piauí, que confirmou o depósito, para que comprasse uma casa. Assegurou que até a morte sustentaria o que vira na mansão.

Ainda assim, a Polícia Federal decidiu pedir autorização judicial e devassar sua conta bancária, suas ligações telefônicas e sua situação fiscal. Uma senadora do Partido dos Trabalhadores requisitou as fitas de vigilância dos que circulam no interior da Câmara dos Deputados para policiar com quem havia conversado o cidadão Nildo. O revolucionário fato de um pobre falar numa comissão do Congresso foi vetado pelo partido do governo. Rápidas decisões de membros dos três poderes fecharam sua boca. Não teve como concluir seu depoimento na CPI. E, ainda por cima, membros do PT, no Legislativo e no Executivo, se mobilizaram para calá-lo, para colocá-lo, perante a opinião pública, sob suspeita de ser pau-mandado de uma conspiração antigovernista dos partidos de oposição e para desmoralizá-lo.

Independentemente do que for verificado na devassa, contra o cidadão Nildo ou a seu favor, esse conjunto de decisões e ações põe em questão outro tema, muito mais grave. O cala a boca contra Nildo diz a ele e a todos nós quem é que manda e, sobretudo, como é que manda neste país.

Nildo, perplexo com as suspeitas do PT contra ele, pede que devassem também o seu voto nas eleições presidenciais de 2002. Confessa que votou em Lula. Descobrirão que ele é o homem simples que elegeu Lula para a presidência da República. Nildo não é inimigo do PT e do governo. O PT e o governo é que são inimigos do cidadão Nildo, que o tratam como culpado de delito político até prova em contrário, como nos tempos da ditadura militar. Todos estamos ameaçados por essa revelação.

No primeiro dia de 2003, o ex-metalúrgico e ex-burocrata sindical que é o cidadão Lula, acompanhado da esposa, também ex-operária, trafegou pela praça dos Três Poderes no Rolls-Royce presidencial rumo à rampa do Palácio do Planalto, para as formalidades da posse. A multidão emocionada ocupara a praça. Os Nildos do Brasil estavam lá para verem-se no Nildo que se chamava Lula. A imensa maioria da população compartilhou aquele rito de passagem, a nova identidade do governante e com ele a supostamente nova identidade do povo.

Lula ascendia ao poder como personificação do ser de milhões de brasileiros, muitos deles sem alento. Subiu a rampa do Palácio do Planalto o retirante, o pau de arara, o pobre, o operário, o excluído. Na verdade, subiu a rampa o estereótipo da vítima da pobreza, da privação e da injustiça e, no estereótipo, todos os que nele cabiam. Ao propor que devassem também o seu voto nas eleições de 2002, Nildo invoca a autoridade moral dos milhões de pobres, excluídos, sem rumo nem destino, os humilhados e ofendidos desta terra que construíram a concepção simbólica do governante, que teceram o manto do poder que seria colocado nos ombros de Lula.

Na pessoa do cidadão Nildo, o Estado declara guerra contra a sociedade, o governo e seu partido político, o PT, insurgem-se contra o cidadão. Não percebem a contradição: Nildo é hoje o Lula de ontem, o brasileiro imaginário que descobre agora que o que importa não é a verdade. O que importa é saber quem manda. O complicador é que Nildo e Lula são a mesma pessoa. Ambos são personificações distintas do novo sujeito político que nasceu sociologicamente nas fraturas do regime ditatorial. O sujeito que arrastou longa existência de insignificância na escravidão do negro e na servidão do índio e do mestiço. Filhos de uma história de conquista lenta de direitos sociais no regime de trabalho livre, de marginalização e excludência. Na escravidão, eram considerados semoventes, semelhantes aos animais de tração. No Império, mesmo os que já eram livres, nunca tiveram direitos políticos: a filiação de eleitores era por cabedais. Na República, a primeira Constituição privou mendigos e mulheres de direitos políticos. As mulheres os conseguiriam tardiamente. Só na Constituinte de 1934 uma mulher teve finalmente assento no Parlamento brasileiro. A Constituição de 1946 manteve o veto ao voto do analfabeto, situação de milhões de brasileiros. Só nos anos recentes, na decorrência da resistência popular ao autoritarismo e da ação emancipadora dos movimentos sociais, os direitos políticos foram estendidos a todos, aos Nildos de nossa pátria.

Foram estendidos só até esta semana, quando o partido político mais beneficiado por essas conquistas penosas, o Partido dos Trabalhadores e seu governo, os revogou no essencial. Nildo está condenado ao confinamento político, está sob intimidação do Estado para que se convença de que é um cidadão de segunda classe, um cidadão sem cidadania, que vota, mas não vê, não ouve, não fala.

Créditos do capítulo

"Os bichos de confiança na arca de Noé" foi publicado originalmente na *Folha de S.Paulo,* seção Tendências/Debates, 1º jan. 2003, p. 3.

"Os primeiros 90 dias", entrevista por escrito ao *Diário do Grande ABC* (Santo André, SP, 29 mar. 2003), foi publicada originalmente com o título de "'Lula bajula ricos e bate nos fracos', diz sociólogo".

"O risco da mixórdia agrária" foi publicado originalmente na *Folha de S.Paulo,* seção Tendências/Debates, 15 abr. 2003, p. 3.

"A República por baixo do pano" foi publicado originalmente em *O Estado de S. Paulo*, caderno Aliás, a semana revista, 5 jun. 2005, p. J3.

"A República entre o barrete frígio e o boné" foi publicado originalmente em *O Estado de S. Paulo*, caderno Aliás, a semana revista, 5 jun. 2005, p. J3.

"A resposta aos infiéis depositários da esperança" foi publicado originalmente em *O Estado de S. Paulo*, caderno Aliás, a semana revista, 17 jul. 2005, p. J5.

"As veias abertas da Quinta República" foi publicado originalmente em *O Estado de S. Paulo*, 14 ago. 2005, p. A7.

O artigo inédito "A solidão de Lula" foi escrito em 12 set. 2005.

"A ordem sem progresso e a corrupção" foi publicado originalmente em *O Estado de S. Paulo*, caderno Aliás, a semana revista, 18 set. 2005, p. J5.

"A solidão do cidadão Nildo" foi publicado originalmente em *O Estado de S. Paulo*, caderno Aliás, a semana revista, 26 mar. 2006, p. J4.

Entre o rosário
e o caviar
(2006)

O inconformismo popular buscou e encontrou alternativas de ação política nas Igrejas. Desde então, a religião se mesclou com a política e comprometeu antes do nascimento o campo de atuação dos partidos que surgiriam com o declínio do regime autoritário.

A fé e a política à beira do rio

A greve de fome do bispo de Barra (Bahia) representa muito mais do que o protesto solitário de um religioso inconformado com o projeto de transposição de águas do rio São Francisco. Essa greve resume, e está longe de encerrar, o processo histórico do advento da religião e dos religiosos como protagonistas de ação política no Brasil moderno. Trata-se de um cenário complicado em que está em jogo mais do que um protesto radical contra uma ação de governo.

O envolvimento da Igreja Católica no questionamento do governo ganhou consistência e se institucionalizou durante o regime militar, quando os partidos políticos foram fragilizados; a diversidade partidária foi mutilada e a expressão política do povo brasileiro ficou reduzida à opção contra o governo ou a favor do governo. O inconformismo popular buscou e encontrou alternativas de ação política nas Igrejas. Desde então, a religião se mesclou com a política e comprometeu antes do nascimento o campo de atuação dos partidos que surgiriam com o declínio do regime autoritário.

Desde o início da década de 1970, a Igreja Católica vinha montando a rede de suas pastorais sociais, como o Conselho Indigenista Missionário e a Comissão Pastoral da Terra, além da Pastoral Operária. Agia em nome da defesa dos direitos humanos de populações gravemente atingidas pelas ações do governo no favorecimento subsidiado do grande capital na ocupação da Amazônia. E, também, na política salarial que reduziu substantivamente as condições de vida da classe trabalhadora. É a época da intensa expansão do número de favelas nas grandes cidades. A engenharia da pobreza tornava o Brasil um país competitivo em face das florescentes economias da Ásia.

As comunidades de base e as concepções da Teologia da Libertação se difundiram pela rede altamente organizada, eficiente e corajosa dessas mediações eclesiais, convidando os católicos, e também algumas Igrejas Protestantes históricas, como a Luterana, à ação política inspirada na fé. Essa mudança criou canais de manifestação e de luta social para populações que no geral estavam à margem da política e dos partidos, historicamente condenadas à manifestação do inconformismo social através dos movimentos messiânicos e milenaristas e do chamado banditismo social.

Durante todo o tempo da ditadura, ainda surgiram movimentos messiânicos no Centro-Oeste e na Amazônia, como o movimento religioso de Maria da Praia, bem como bandoleiros sociais, identificados com os pobres, no estilo de Antônio Silvino, como Chapéu de Couro, em Pernambuco, e Quintino, no Maranhão. A Igreja, pela primeira vez, não hostilizou esses movimentos, ao mesmo tempo que criou as bases alternativas que menciono e que fizeram com que a multidão dos descontentes, sobretudo no campo, pudesse se expressar no âmbito da política sem abrir mão de sua fé e de sua religiosidade antiga e simples.

Não fosse isso, muito provavelmente teríamos recuado às formas primitivas de descontentamento social que prevaleceram até os primeiros anos da Revolução de 1930. A ação da Igreja foi a grande responsável, embora não a única, pela redução da incidência política do clientelismo sertanejo de base patrimonial. Se houve alguma modernização política neste país, ela se deve também à Igreja, embora modernização conservadora.

Os partidos políticos, sem exceção, ficaram longe dessa radical mudança tanto na concepção de povo como na concepção de política e de ação política. Mesmo o PT, que foi arbitrariamente escolhido para representar na política o povo de Deus, como é chamado, não tem a menor ideia do que é isso, simplesmente parasitando da maneira mais descaradamente oportunista esse novo e estranho sujeito político, sem consultá-lo, sem ouvi-lo, sem entendê-lo, sem desejá-lo no foro das decisões políticas efetivas. Lula os definiu como xiitas. Apenas colhendo seus votos, numa espécie de coronelismo de esquerda, tão de direita quanto o dos coronéis do sertão.

O proclamado silêncio dos intelectuais petistas revelou-se particularmente grave na incapacidade, ou mesmo desdém ou desinteresse, de conhecer, compreender e interpretar essa novidade política, e no desprezo pela voz e pelos textos dos que desvendavam com riqueza de detalhes o advento de novos e decisivos sujeitos no processo político brasileiro. É especialmente o caso dos diferentes grupos de organização política mobilizados pela militância católica, como o MST. A alocação de postos secundários, decorativos e irrelevantes no governo a representantes da facção religiosa do partido foi a forma oportunista de vetá-los. Tardiamente, vários nomes representativos desse grupo começaram a perceber a trama e a deixar o governo, não raro fazendo duras objeções a Lula e ao governo como um todo.

A greve de fome do bispo de Barra sintetizou as aspirações frustradas desses descontentes. Mas nem por isso o bispo deixou de se confessar petista de muito tempo e de continuar a sê-lo. Apesar de ser o problema da transposição das águas infinitamente menor do que o espetáculo da apuração da larga e espantosa corrupção no partido, o bispo ainda tem esperança de salvar Lula das garras do demônio do capital, como declarou na semana passada. A opção do bispo pelo martírio político como meio de governar sem mandato o governante com mandato contém uma concepção política ingênua, mas nem por isso menos eficaz.

Essa concepção primitiva e pré-política da política, pensada como um movimento pendular entre o bem e o mal, e o governante concebido como monarca de um absolutismo popular não mudam o cenário político dramático e grave com que nos defrontamos. Somados aos efeitos populistas do Bolsa Família, poderão presidir nas bases remotas do país, distantes das ilusões da modernidade, as eleições do próximo ano (2006). Eleições que poderão ser usadas mais uma vez para tentar tirar Lula (e o PT) do cerco do demônio na suposição de que corrupção é apenas pecado venial, e não crime.

A ala católica petista: crise e consequências

Nos últimos dois anos, nomes expressivos da militância católica do Partido dos Trabalhadores têm criticado duramente o governo ou deixado o partido ou o governo. Houve uma significativa mudança de atitude em comparação com a cálida acolhida que bispos progressistas e conservadores deram a Lula, na assembleia episcopal de 2003.

Um episódio da mudança ocorreu nesta semana. Com uma longa carta justificativa, Francisco Whitaker, da Comissão de Justiça e Paz da Conferência Nacional dos Bispos do Brasil (CNBB) e do Fórum Social Mundial, desligou-se do Partido dos Trabalhadores no primeiro dia de 2006. Trata-se de uma das mais ativas e fundamentais conexões entre o partido e a Igreja. É pessoa com ampla presença em posições de dirigência na rede política paralela e auxiliar do PT e uma das mais representativas dos muitos católicos que optaram pelo petismo.

O documento deve ser lido como documento de uma crise não só do PT e do governo Lula, mas sobretudo de crise da militância católica. São várias e significativas as defecções de militantes católicos. Tanto do partido, como essa de Whitaker e a recente de Plínio de Arruda Sampaio, quanto do governo petista, como a de frei Betto e a de Ivo Poletto, originário da Comissão Pastoral da Terra. Como, ainda, as duras críticas de dom Mauro Morelli, de dom Tomás Balduíno e de dom Demétrio Valentini ao governo. São defecções que expressam os impasses políticos que cercam a justa militância dos que têm fé e não separam sua fé da política e até de um partido. Um modo problemático de atuar politicamente no mundo moderno, mas sem dúvida um fato político.

Lula tentara inicialmente organizar um governo de dupla estrutura, oferecendo aos militantes católicos posições adjetivas, praticamente sem poder de decisão nas áreas mais sensíveis da questão social. Mas, literalmente, declarou guerra a esse setor da base católica do PT ao demitir o presidente do Instituto Nacional de Colonização e Reforma Agrária (Incra), originário da Pastoral da Terra, que entrara numa disputa por hegemonia com o ministro do Desenvolvimento Agrário. Lula teve que decidir quem era o ministro. Ao mesmo tempo, irritou esses setores da Igreja com a política econômica e a política agrícola. De fato, as tensões com a Igreja aumentaram com a tática de acender uma vela para Deus e outra para o diabo. No encontro de 2005 das Comunidades Eclesiais de Base, ficou claro que esses setores da Igreja querem disputar com Lula e os dirigentes do partido o legado político que consideram seu.

O documento de Whitaker é também um documento sobre a crise dos partidos, e não só do PT. Um alerta sobre a inquietação da massa dos que têm algum tipo de consciência política, mas não têm espaço no âmbito partidário e das doutrinas. São os que optam por esquemas de militância, ação política e poder que podem representar, em nome do justo primado do social, uma opção pré-política pelo mundo pré-moderno. Falta uma referência antropológica ao pensamento político brasileiro, aos programas e doutrinas de nossos partidos, não raro alheios às duras convicções dos simples, como essas.

O discurso da ética, que é o nervo das objeções dos dissidentes, é o discurso contra o oligarquismo da intransparência do processo político; contra a vitalidade das forças impessoais e ocultas que comandam nossos destinos no mundo moderno. A preocupação com a ética está referida às dificuldades de compreensão dessa personagem diabolicamente invisível que impõe aos justos e puros de um partido ético (e de todos os partidos éticos) sua vontade e seu poder, incompreensíveis na perspectiva do fundamentalismo popular e religioso. A crise entre os católicos que se identificam com o PT e o PT e seu governo é antes de tudo uma crise de compreensão do que é propriamente o processo político e seus mistérios. Não houve traição alguma. Houve subentendidos enganosos e oportunismo. Nem Lula nem o PT mudaram. O processo histórico é que foi decantando as contraditórias camadas desse partido singular, expondo cruamente suas impossibilidades, insuficiências e ilusões.

A evasão representa o sangramento dos órgãos vitais do corpo político e místico que é o PT, um partido e um governo entre a cruz e a caldeirinha, o coração lancetado por suas próprias contradições internas. Na verdade, seu corpo de ideias é um resíduo insuficientemente elaborado do nacional-desenvolvimentismo. Confundem anticapitalismo, antiamericanismo e estatismo com socialismo. São apóstolos de uma restauração, que poderia se atualizar, sem dúvida, mas não na prática frágil das colagens ideológicas e das vizinhanças anômalas. Falemos a verdade: o PT de membros e simpatizantes como Whitaker, Sampaio e Poletto não tem nem nunca teve nada a ver com o PT de Lula e José Dirceu. Waldemar Rossi, aliás, da Pastoral Operária de São Paulo, foi o único que percebeu isso desde os primeiros passos de Lula como sindicalista.

A adesão ao PT e a unidade do partido foram costuradas em cima desses fragmentos do passado e de um ideário suficientemente vago para comportar tantas ambiguidades quanto as necessárias para levar o partido político ao poder. Há nas propostas do grupo católico, sem dúvida, muita fé e pouca racionalidade política e esse é seu maior problema.

Sem a ala católica, o PT terá dificuldades nas eleições deste ano (2006). Ela é que faz dele um partido nacional. É ela que estabelece a ponte por onde passam os votos da multidão que interpreta a política com o coração, e não com a razão, perdida nos ermos rurais e urbanos da inclusão perversa. É a ponte que nutre a euforia do galicismo ideológico dos intelectuais do silêncio da Paris tropical. Nesse sentido, as defecções podem ser uma retirada estratégica para, desde fora, em face das eleições, jogar Lula contra as forças de acomodação que comandam o PT e obter concessões em suas reivindicações de mudanças e de uma política mais agressiva do governo contra o império, o capital e a propriedade. Podem ser, pois os dissidentes e seus seguidores dificilmente darão seu voto aos partidos da modernidade.

Contradições da missão profética da Igreja

O tema e o lema da Campanha da Fraternidade de 2007 – "Fraternidade e Amazônia: vida e missão neste chão" – representam um retorno, ao menos simbólico, à extensa região brasileira que serviu de motivação e referência para o surgimento das duas emblemáticas pastorais sociais da CNBB – a Pastoral Indígena, através do Conselho Indigenista Missionário (1973), e a Pastoral da Terra, através da Comissão Pastoral da Terra – CPT (1975). Essas duas pastorais tiraram índios e camponeses do folclorismo que os aprisionara para colocá-los com seu drama no cenário propriamente social e político no qual suas causas poderiam integrar a agenda política do país. Eram tempos de confronto entre a Igreja e o Estado, tempos de ditadura, violência e genocídio. Agora, os tempos são outros, embora os temas sejam os mesmos e os personagens também; sinal de que, como Alice, caminhamos muito para ficar no mesmo lugar.

Essa escolha sugere que o episcopado brasileiro encerra um período de inegável complacência com o governo Lula e o Partido dos Trabalhadores, mas inaugura significativa contradição não só entre Igreja e governo, mas também entre Igreja e partido. Em primeiro lugar, porque uma das poderosas facções do PT é, justamente, a facção católica, embora não seja ela hegemônica. A Igreja, sabemos todos, não é oficialmente petista, mas é para esse partido que pende a opção dos católicos que escolheram organizar-se partidariamente. Sem a participação desse setor da Igreja e sem a simpatia obsequiosa de nomes expressivos do episcopado, o PT nunca teria chegado onde chegou. Comunidades eclesiais de base tornaram-se verdadeiras células partidárias e asseguraram ao PT a sua dimensão nacional, especialmente em regiões cuja constituição social as coloca muito longe do modo de vida, do ideário e da consciência operários. A ação da Igreja, já antes do golpe de Estado de 1964, na disputa com os comunistas, foi responsável pela formação de numerosos sindicatos de trabalhadores rurais e, mais tarde, pela formação da CUT e de outra ala poderosa do PT, a sindical. Com a criação da CPT, a ação da Igreja representou a mais importante iniciativa brasileira para resgatar o nosso campesinato da pobreza pré-política de um milenarismo crônico e inócuo. Não há dúvida de que a Igreja, mais do que qualquer outro grupo, aí incluídas as esquerdas em geral, atuou decisivamente para trazer as nossas populações pobres para o mundo moderno e para os quadros da ação propriamente política.

Na linha dessa tradição, os temas e lemas da quaresmal Campanha da Fraternidade têm proposto à consciência católica os temas urgentes e decisivos da sociedade brasileira em nome do confronto que opõe a sociedade carente e o Estado. De certo modo, a CNBB tem feito o que os partidos não fazem: confrontar o Estado com o clamor social de dramas e tragédias esquecidos ou negligenciados.

No governo Lula, esse afã cívico foi amenizado. Ficou difícil para a Igreja interrogar o governo gestado e justificado por suas próprias orientações e opções. Quadros importantes da Igreja e da própria hierarquia não só têm tido as portas abertas no Palácio do Planalto, como também trocaram a vocação profética por equivocadas conveniências do poder na suposição de que o caminho curto dos palácios, se não emancipa o povo politicamente, ao menos enche-lhe o prato de arroz e feijão, mesmo que com o tempero insosso do neopopulismo, a face explícita do neoliberalismo petista.

Tudo o que a CNBB agora reclama do governo Lula foi o que justificou que as pastorais sociais, como a Pastoral da Terra e a Pastoral Indígena, proclamassem durante anos como metas que só poderiam ser alcançadas com o PT e Lula no poder. A reforma agrária, enfeitada e engordada com números de assentamentos até do tempo de Vargas, ficou muito aquém do necessário. A questão social não mereceu políticas de transformação social emancipadora, como era necessário e como diziam que só esse governo poderia fazer e mais nenhum.

Resta saber o que, nesse cenário, representa o questionamento do Estado pela Igreja em relação a temas da maior urgência social e política. Algumas hipóteses podem ser levantadas. Desde o papado de João Paulo II, o episcopado vem mudando tanto na composição quanto na orientação. Mais conservador e mais eclesial, o episcopado parece atender à vontade do Vaticano de ter no Brasil uma Igreja distante da opção partidária, mais missionária do que militante. Esta Campanha da Fraternidade completa o cenário de um distanciamento crítico entre Igreja e governo em vésperas da visita do papa ao Brasil para aqui presidir a 5ª Conferência Episcopal Latino-Americana. Será inevitável tratar nessa reunião da agressão verbal do presidente Chávez, da Venezuela, à Igreja na campanha eleitoral recente, de que participou Lula, até mesmo fazendo ilegal e antidiplomático discurso em favor do coronel venezuelano. Uma Igreja brasileira alinhada com o melhor amigo do inimigo do papa e da Igreja seria algo difícil de explicar a um papa que tem ideias próprias e bem claras a respeito da relação entre fé e política e a respeito de quem é amigo e de quem não é.

Se, no passado, para concretizar na prática a consistência e a durabilidade crítica das metas da Campanha da Fraternidade, a Igreja dispunha do aparelho vigilante, ativo e competente das pastorais sociais, ela se vê pela primeira vez diante de um desencontro entre seu clamor profético e uma base de ação pedagógica sem ânimo para um retorno coerente ao profetismo de outros tempos, anulada pelo poder populista que gerou e ao qual se conformou. De fato, estamos em face de um desencontro entre a Igreja de base, que o então cardeal Ratzinger combateu, censurou, inquiriu e puniu, e a Igreja alinhada e obediente do papa Bento XVI. Só que agora com os papéis trocados: a bandeira do profetismo católico mudou de mãos. Essa mudança pode representar uma boa coleção de dores de cabeça para Lula e o PT e seu neoliberalismo explícito, o da precedência do econômico e da acumulação sem limites em relação ao social e à justa distribuição dos frutos da terra e do trabalho.

O PT, o sociólogo, a cenoura, o caviar

Há um poema de Rudyard Kipling, "Nós e eles", que foi inspirado em uma sociedade corporativa como a nossa. Aqui, ajusta-se aos grupos notoriamente corporativos, como as Igrejas, alguns partidos políticos de direita e de esquerda e as próprias facções de interesses das universidades. O Partido dos Trabalhadores tem se revelado um dos herdeiros desse corporativismo de várias origens que marca nossa vida política. Traduzido livremente, diz o poeta: "[...] toda gente boa, como a gente, é Nós e todos os demais são Eles. Mas, se você faz a travessia pelo oceano em vez de fazê-lo pela vereda, acabará vendo o Nós como mera modalidade do Eles".

O partido do país do Fome Zero, que comemorou 26 anos nesta semana com um banquete que incluía cenoura com caviar, padece os contratempos de uma complicada história de junção de corporativismos que se devoram entre si. O PT se lançou ao grande mar da diversidade social que caracteriza a sociedade brasileira. Mas fechou-se na sufocante arca de Noé de um sistema conceitual e interpretativo restrito e autoindulgente. Acabou perdendo o oxigênio dos movimentos sociais e aportando na ilha da fantasia do poder e dos cargos de confiança. A travessia não lhe permitiu descobrir-se e reconhecer-se como parte do Eles, que confinara no inferno da satanização infundada e reacionária. O PT não se vê com a mesma cara do Eles satanizado, embora a tenha: é dialeticamente membro do mesmo ser político que abomina.

Tudo sugere que o PT não lê Florestan Fernandes. É pena. Daí a dificuldade para compreender essas coisas. Na recente quebra do chamado silêncio dos intelectuais, para interpretar o silêncio conivente fomos transportados a Paris cosmopolita, mas nem uma palavra foi dita sobre os intelectuais, petistas ou não, que construíram uma referencial interpretação do Brasil e das contradições que nos regem e que explicam o nascimento do partido. Irônica coincidência, na mesma semana do ágape petista, a Editora Globo lança os dois primeiros volumes do oportuno projeto das *Obras reunidas de Florestan Fernandes*, coordenado pela professora Maria Arminda do Nascimento Arruda, da Universidade de São Paulo. São dois volumes que dão o que pensar. Um – *A revolução burguesa no Brasil* – porque constitui uma das melhores análises dessa característica de nossa sociedade que é o legado de uma história social e política que juntou o escravismo moderno e o estamentalismo da hierarquização social ibérica. Não nos livramos desse fardo. E, digo eu, nem o PT se livrou dessa herança, marcado pelo iníquo corporativismo que afastou ou expulsou de seus quadros militantes da maior grandeza. Foi motivo a simples rebeldia contra a disciplina de quartel e contra o primado do hegemonismo e a tentação do pensamento único.

O outro livro é *Pensamento e ação: o PT e os rumos do socialismo*. Diverso da consistência duradoura do anterior, é livro que reúne artigos e entrevistas marcados, como diz o autor, "pelo tempo jornalístico instantâneo e volátil". Nesse volume, de publicista e ativista político, Florestan empenha-se radicalmente na afirmação de sua interpretação do socialismo e na crítica da "revolução pelo alto", a mudança com conciliação, cujo patrocínio atribuía a Ulysses Guimarães. É um livro marcado pelas impressões que Florestan recolheu do socialismo de Estado em Cuba, a partir das quais escreveu um livro sobre a terra de Fidel. Diga-se de passagem, um socialismo já na agonia do patrocínio soviético, que o fizera um regime bloqueado pelas muralhas da Guerra Fria, um socialismo sem criatividade social e política, um modelo congelado de transformação social.

Tem esse volume a indiscutível importância de um documento sobre o pensamento político de um protagonista erudito que até a morte, em 1995, empenhara-se em fazer com que seu partido se reconhecesse e atuasse como a mediação criativa das tarefas políticas do proletariado. É um documento, sobretudo, relativo aos embates da Assembleia Nacional Constituinte e à preparação da Constituição de 1988, ano de organização do volume agora reeditado.

Florestan via, apreensivo, no andamento do trabalho dos constituintes, as ameaças concretas que se opunham a uma Constituição que fosse instrumento de uma sociedade igualitária e que reconhecesse a legitimidade dos sujeitos que ocupavam com destaque o cenário dos pleitos sociais mais candentes, no campo e na cidade. Via adversários da Constituição sonhada, mas não via todos, sobretudo aqueles que estavam estrategicamente situados na trama calculada da abertura política. Não via, especialmente, as condicionantes adversas na própria origem e na própria estrutura de seu partido. Era o caso das facções substancialmente conservadoras, como as religiosas, e as desfigurações profundas da sociedade de classes de que eram portadoras. Como era o caso dos vários grupos de esquerda, divididos historicamente por antagonismos profundos. E era especialmente o caso dos que viam no pragmatismo de resultados o destino inevitável do PT. Foi o grupo que se tornou hegemônico e levou Lula ao poder, distanciando partido e líder do pensamento político denso de autores como Florestan Fernandes, se é que algum dia estiveram próximos dele.

O denominado banquete da "volta por cima" foi dominado pela euforia dos resultados de uma pesquisa de opinião eleitoral que apontava Lula 10 pontos adiante de seu potencial adversário na próxima eleição presidencial. A perda completa da perspectiva crítica, tão cara ao principal autor da chamada sociologia crítica, fez dessa "volta por cima" uma "volta por fora" da realidade adversa: ninguém mencionou outra pesquisa, que apontava Serra 8 pontos à frente de Lula no segundo turno. Mas "volta por fora", também, porque Lula e PT fizeram de conta que a espantosa crise política dos últimos meses nada tem a ver com eles. Em *A revolução burguesa no Brasil*, Florestan expõe o hibridismo do nosso regime político e sua imensa capacidade de cooptação do que chama de novos comensais. O livro teve a primeira edição 11 anos antes da fundação do PT.

O principal cassado da crise

Um ano de espetáculo cotidiano pela televisão, pelo rádio e pelos jornais, tendo como tema os desarranjos da política, mostrou a aparente facilidade com que grupos devotados a seus próprios interesses podem se apossar de setores vitais do Estado. Mas não pôs diante dos olhos do povo brasileiro apenas a corrupção endêmica, mesmo em sua nova versão pretensamente de esquerda. O espetáculo de certo modo politizou a relação do cidadão com a notícia, ampliou o conhecimento da sociedade a respeito do Estado. O que foi divulgado com intenções perversas, como o extrato bancário do caseiro Nildo, de Brasília, acabou sendo redefinido pelo poder de desvendamento da verdade que resultou da informação crítica e investigativa.

O efeito positivo da crise política e do espetáculo foi o de revelar que só não estamos sob uma ditadura disfarçada porque há no cenário político brasileiro homens íntegros. Aqueles que transformaram as notícias e as denúncias em fatos políticos, em questionamentos do arbítrio. É um alívio saber que este país não é refém de notórios messianismos. As revelações da crise enriqueceram nossa consciência política.

Mas há senões. Em sua fala autodefensiva, o ex-presidente da Câmara, em face da denúncia que contra ele fez a Comissão de Ética, apelou para o reconhecimento da precedência do tribunal maior em casos assim, que é o eleitorado. Sua condenação pela Câmara seria, no fundo, uma usurpação de legitimidade e de atribuições. Em última instância, cabe ao povo decidir, o que é verdade. O apelo funcionou em seu favor. No entanto, a decisão dos eleitores e a expressão eleitoral da opinião pública dependem da informação livre, e não da forjada; dependem do debate democrático, e não de entreveros corporativos. Sem acesso à verdade, o eleitor é pretexto.

Ora, na boca de quem justamente acabara de acusar a imprensa de responsabilidade pela crise e pelas denúncias apuradas e formalizadas pela Comissão de Ética, de que tribunal maior está ele falando? Que opinião pública pode haver se os meios de informação não colocarem na agenda das consciências, a cada dia, os fatos que perturbam, as contradições que lhes revelam o teor, a inconsistência maliciosa das versões? Esse apelo mostrou o quanto é falaciosa certa concepção de cidadania e dos direitos políticos do cidadão. Os que se consideraram vitoriosos nesse embate tiveram uma falsa vitória. Não fosse a mídia, pondo diante das nossas consciências a diversidade das notícias relativas aos fatos perturbadores, estaríamos todos caçando informações a poder de tacape para entender o que acontece e meditar sobre elas na fria escuridão de nossa caverna primitiva.

Os episódios desses meses todos, e de seus recentes desfechos nas absolvições em desacordo com as acusações fundamentadas, mostraram a persistência do abismo histórico que separa o poder e o povo. Aliás, sob um governo cujo partido tinha as condições para reduzir substancialmente esse abismo e tinha mandato específico para isso, e não o fez. Foi o que mais se conformou com ele. Os políticos que optaram pela conivência com os envolvidos fizeram-no porque desdenham a força da opinião pública. Consideram-se a salvo no corporativismo ainda dominante no Parlamento. Para eles, o povo é apenas uma categoria abstrata que pode ser mobilizada a cada eleição para legitimar pretensões de poder, que pode ser descartada em seguida com o efetivo rompimento dos elos que deveriam ligar quem vota e quem é votado. Vitimados pelos vícios do sistema partidário, muitos eleitores contribuem para esse distanciamento. Facilmente esquecem o nome e o partido do candidato em quem votaram.

Um dos fatos auspiciosos da resistência ao regime militar foi, sem dúvida, a proliferação de movimentos sociais e de organizações populares. Um novo sujeito político emergiu e ocupou o abismo entre o poder e o povo. O que veio a ser o Partido dos Trabalhadores propôs-se a ser expressão partidária desse novo sujeito, parasitou organizações e movimentos, sujeitou-os, transformou-os, sob inspiração leninista, em fonte de energia do partido, a correia de transmissão do poder.

Porém, com o partido no poder, os movimentos sociais e as organizações populares foram esvaziados. Muitos de seus militantes foram cooptados nos milhares de cargos de confiança do Estado. O novo sujeito que enchera de vida o abismo da política brasileira foi silenciado. Mesmo que organizações e movimentos continuem fazendo o teatro da luta social, da reivindicação radical, o que nos dizem é que o que era sério se tornou farsa. Na prática, o vazio está reaberto. Embora os compromissos dos que chegaram ao poder na onda do florescimento desse novo sujeito político não sejam os mesmos das oligarquias.

A serena confiança do ex-presidente da Câmara, dos outros envolvidos nos fatos denunciados e do próprio presidente da República tem sua razão de ser. Eles cresceram politicamente já com o antídoto para a crítica e o questionamento que pudessem alcançá-los. Fizeram a satanização preventiva dos adversários possíveis. Tudo se baseia num jargão de conceitos bipolares. Para cada palavra de um adversário há uma contrapalavra do político e do militante. De modo que, quando alguém faz uma denúncia contra um membro da corporação, ela nunca chega até o militante ativo que faz funcionar a máquina da mobilização e do convencimento eleitoral. O discurso antagônico e crítico já chega ao ouvinte e eleitor com o significado invertido. Tudo que não é do partido é neoliberal, mesmo quando a imensa maioria dos militantes não tem a menor ideia do que isso possa ser. E tudo que não é do partido é de direita, porque obviamente só o partido é de esquerda, mesmo que os militantes não saibam esquerda exatamente de quê.

Nesse processo todo, houve, sem dúvida, um único condenado fatal: o novo sujeito nascido das lutas populares, que começara a renovar costumes políticos e até inovar no direito social, como se viu na própria Constituinte. Perdeu a voz e perdeu o mandato.

Bolsa Família para libertar Lula do MST

O Programa Bolsa Família prepara-se para incluir na sua clientela as pouco mais de 230 mil famílias de sem-terra que se encontram em acampamentos, à espera de sua inclusão no programa federal de reforma agrária. São cerca de um milhão de pessoas, 700 mil mais do que no governo anterior, crescimento que se deve, em boa parte, às expectativas de mais fácil acolhimento de demandas como essa pelo governo Lula. Esse número, justamente por isso, deve crescer.

Acampados são aqueles que, tendo ocupado ou invadido terras, vivem com suas famílias em barracos improvisados, cobertos por plástico preto. O acampado não deve ser confundido com o assentado, pois não é oficialmente beneficiário do programa nacional de reforma agrária nem tem a mínima segurança de que, mais cedo ou mais tarde, o será. De fato, o governo nada tem a ver com ele. Já o assentado é aquele que, com sua família, foi escolhido para receber um lote de terra no programa oficial, para receber os meios de construção da moradia e das instalações necessárias ao funcionamento do empreendimento agrícola, além dos recursos para os primeiros plantios e a sobrevivência inicial. Tudo terá que ser por ele pago com suficiente tempo de carência. O que vale em reforma agrária é assentamento, e não acampamento.

A inclusão dos acampados no Bolsa Família ainda está em estudos, mas se baseia, declaradamente, em cálculos de custo. Os acampados já recebem cestas básicas do governo federal, que julga ser menor o custo com a opção pelo Bolsa Família. Cada cesta custa ao governo R$ 45,00. Com o Bolsa Família, cada família receberá regularmente mais do que isso, em dinheiro, o que livrará o governo de todas as complicações logísticas de abastecimento dessas populações.

Uma dirigente do MST estranhou a decisão governamental, porque, no seu entender, com isso, o governo Lula dá o peixe em vez de ensinar a pescar. E expressou o temor de que "criaria uma dependência dos acampados com o governo". Dependência com o governo os acampados já têm, porque são em parte mantidos com as cestas básicas que o governo fornece. O problema não é esse.

O temor do MST em relação à entrada do Bolsa Família nos acampamentos tem uma plausível explicação no fato de que, por esse meio, o governo Lula bloqueia a intermediação que o MST exerce no repasse dessa ajuda. É uma das que asseguram materialmente a continuidade da luta pela terra nesse formato peculiar e decisivo, o dos acampamentos. O governo, certamente, joga com a importância do seu acesso direto aos sem-terra. Sobretudo, porque seria temerário deixar mais de 450 mil votos sob a incerteza de pendências ideológicas que há entre ele e o MST.

Com o cartão do Bolsa Família nas mãos e o acesso direto ao dinheiro que ele representa, os acampados se libertarão de um dos elos de dependência em relação à pedagogia e à mediação do MST. O principal é que conhecerão o logotipo de quem provê as condições materiais para amenizar suas indiscutíveis vicissitudes, sobretudo nas noites frias do inverno que se aproxima, da demorada espera pela reforma agrária.

O governo sabe que o MST não transfere prestígio nem distribui facilmente os dividendos de sua ação política, nem para Lula, a não ser cobrando reorientações radicais na reforma agrária. Difundiu-se até, desde o governo anterior, que havia assentamentos do MST e assentamentos do governo, quando, na verdade, só existem assentamentos realizados pelo governo. Se o MST e as outras organizações de sem-terra fizessem assentamento de trabalhadores rurais, não haveria acampamentos e o duro sofrimento da espera.

O cartão é mais um problema nas relações do governo Lula com o MST. Há poucos dias, em entrevista ao *Le Monde*, ao responder à pergunta sobre se havia mantido seus compromissos em relação à redistribuição de terras, Lula incomodou o MST dando o problema por resolvido com as desapropriações feitas e os benefícios sociais concedidos, como o do Bolsa Família. O que está muito aquém do que prometera àquela organização política.

Por trás desses estranhamentos estão questões complexas. Há um embate político entre o governo do PT e o MST. Mas os recursos e apoios materiais oficiais que o MST recebe do governo federal, nessa questão da sobrevivência material dos acampados, na área da educação e em outras áreas de cooperação possível com o Estado, nos mostram um MST oficialista. O MST, juntamente com a Pastoral da Terra, de onde se originou, constituíram as duas grandes forças de partidarização das populações rurais pobres e de sua mobilização em favor do PT e de Lula. De certo modo, a eleição de Lula e da numerosa bancada petista no Congresso teria que, fatalmente, culminar com a cooptação do MST pelo governo e a conversão dos seus dirigentes em funcionários públicos disfarçados, para finalmente fazerem a reforma agrária que desejam. Mas reforma agrária não é a meta principal nem do PT, nem do governo, nem do próprio MST, e sim o é a mobilização popular permanente.

O MST sabe, por isso, que não pode se transformar em repartição pública informal sem morrer. De um lado, porque a fonte de sua legitimidade e de sua mística vem da conformação profética de sua origem e da visão de mundo de seus aderentes, que mesclam religião e política em seu ideário social e nas metas de seu projeto propriamente político. O profeta pode ser sacrificado de modo cruento e receber a coroa de espinhos, mas não pode aceitar a coroa do poder. Sobreviveria fisicamente, mas morreria simbolicamente. Não perderia seu sangue, mas perderia sua legitimidade e sua razão de ser. Lula e o MST necessitam-se reciprocamente. Lula, de um MST menos radical ou menos xiita, como ele o definiu. O MST, de um governo que o ajude, mas não o engula. O amplo cenário de trocas materiais oficiais por benefícios políticos, do governo Lula em relação ao MST, assegura ao MST a penumbra de que necessita para preservar sua encarnação profética e não sucumbir. O Bolsa Família não esvazia o MST, mas por meio dele o governo tenta tutelá-lo para não ser tutelado.

O empresário do protesto e seu exército

O exército de Brancaleone do social-coronelismo de um rico senhor de engenho ultrapassado, membro da Executiva Nacional do Partido dos Trabalhadores, invadiu e depredou nesta semana não só recintos da Câmara dos Deputados. O êxito do, comprovadamente, bem treinado e violento exercício de golpe de Estado teve por objetivo invadir as instituições, demonstrar sua fragilidade e sua suposta falta de legitimidade. A baderna, abertamente justificada pelos invasores com a afirmação de que aquela era uma casa do povo, visava mostrar quem manda. Não visava relembrar qual é a fonte da legitimidade do poder.

Não agiram sozinhos. A leniência da Câmara em relação aos deputados denunciados por envolvimento em corrupção, absolvendo-os e expondo os frangalhos da representação legislativa, foi o aríete que arrombou de dentro para fora as portas do Parlamento.

O abismo entre o ato antidemocrático e a luta possível por direitos sociais expressa o fato de que a sociedade brasileira está manietada por uma captura lenta e devastadora de sua capacidade de reação social e política. Os pseudomovimentos sociais, que em nome dela falam, originaram-se, na maioria dos casos, do intento deliberado de capturar as energias criativas da sociedade, conformá-las às orientações ideológicas e aos interesses particularistas de um único partido. Diga-se, aliás, em benefício do PT, que foi ele o único a se interessar pelo projeto histórico de renovação da sociedade brasileira que nascia dos ainda verdadeiros movimentos sociais, na passagem do regime autoritário para o regime democrático.

Essa nova esquerda nascia, em princípio, como expressão do protagonismo e da vontade social de amplos setores da população. Eram os tradicionalmente silenciados por formas de dominação que não são nem um pouco diferentes das que hoje comandam os chamados movimentos sociais. Um herdeiro do latifúndio, educado na cultura do latifundismo e da dominação pessoal, heranças da escravidão, torna-se patrono dos anseios dos desvalidos da terra.

Dom Tomás Balduíno, da Pastoral da Terra, adverte que "é preciso compreender o lado deles". A grande questão é: "deles" quem? Dos grupos de mediação que têm metas próprias, de classe média, que têm seu próprio movimento social e que parasitam as demandas dos trabalhadores? Ou dos trabalhadores que, "desesperados" segundo ele, teriam ido a Brasília pela reforma agrária? Vários dos presos envolvidos na depredação disseram que o convite era para conhecer Brasília e apertar a mão de Lula. Excursão de uma organização que recebeu do governo Lula 5,6 milhões de reais, cujo dirigente levava no bolso uma caderneta com os custos do empreendimento e uma indicação de que esperava mais dinheiro para o grupo. Um empresário do protesto. Protesto baseado em contabilidade de custos não é movimento social, é negócio.

Na pedagogia que diferentes grupos, sobretudo religiosos, adotaram para conformar e dominar o protesto popular incipiente, já no regime autoritário, não houve qualquer explícito intuito democrático. Em nenhum momento, a novidade do encaminhamento da educação política dos pobres expôs-lhes a pluralidade partidária e política próprias da democracia. Nem nela entrou o tema do direito indiscutível de cada cidadão de optar pelo partido que estivesse mais de acordo com sua situação social e seu entendimento dos direitos e necessidades sociais.

Justamente por isso os trabalhadores rurais acabaram sendo conduzidos, como se estivessem num curral eleitoral dos antigos, para longe de sua realidade social, de modo a apoiar um nascente partido operário e dar-lhe a força política que socialmente não tinha. Sua situação social de referência é completamente diferente e aponta para oposta direção. Não é casual nem estranho que um partido operário liderado por burocratas sindicais não faça a reforma agrária na conformidade do que necessitam e esperam esses órfãos da história social e política. São esses os trabalhadores cuja visão do mundo e da história está confinada nos horizontes específicos da mentalidade camponesa. Os trabalhadores rurais acabaram manipulados por grupos de mediação sem clareza a respeito da diferenciação social moderna e das carências que norteiam os limites e direções da sua consciência social e da sua ação política.

Alguém sempre poderá dizer que as classes sociais raramente atuam como tais e seu protagonismo específico é cada vez mais remoto. Estão fragmentadas em grupos de interesses partidários e grupos de identidade desvinculados da estrita situação social de classe. Mas, até porque cristalizada em antiquadas doutrinas do conflito social, as únicas disponíveis no mercado de ideias do populismo tosco, a classe permanece como um substrato de ações coletivas cujo fator causal não é propriamente de classe social. A classe é, ainda, uma espécie de última instância de referência nos embates sociais decisivos, aqueles em que as mistificações manipuladoras esgotam seu limitado conteúdo. A distância entre Lula, seu partido e seu governo, de um lado, e os verdadeiros protagonistas da demanda de reforma agrária, de outro, se mede por aí. É uma distância irremediável.

Daí surgiu uma esquerda com dois anômalos ingredientes: de um lado, o integrismo da tradição conservadora, como referência doutrinária; de outro, o comunitarismo popular, sobretudo camponês, o necessário sujeito social e político desse neoconservadorismo. Essa anomalia nos colocou diante de um sujeito que age em nome da tradição conservadora, que precedeu a emergência do mundo moderno e a Revolução Francesa e foi por ela destronada. Explica a realidade social e se autoexplica por meio de uma linguagem e de um sistema de ideias pré-modernas, passa por cima da sociedade contemporânea e a ignora, sem nela se integrar como agente ativo da transformação social e da humanização do progresso. Para essas organizações políticas, a destruição do presente se baseia na suposição de que é iníquo e impede o advento triunfal da nova sociedade comunal, a sociedade mais justa de que fala Lula e na qual, no entanto, não se reconhece.

A senadora e seu socialismo bíblico

A pesquisa de intenção de voto para a presidência da República do Datafolha, divulgada nesta semana, dá 10% das opções do eleitorado para a senadora Heloísa Helena, do PSOL. Mostram que ela foi a candidata que mais cresceu na preferência dos eleitores nas últimas três semanas. Agora, com um índice de dois dígitos, não só viabiliza um segundo turno nas eleições. Nada garante que ela não estará na disputa na segunda convocação do eleitorado. A senadora poderá ser o Collor de esquerda das eleições de 2006, com um perfil político e pessoal oposto ao do eleito em 1989.

A ascensão eleitoral da senadora de Alagoas tem aspectos do maior interesse para a análise política. Mais do que qualquer outro candidato, ela mobiliza em sua pessoa alguns dos traços da história e das tradições brasileiras que nos são mais caros. Ninguém pode questionar sua coerência, sua coragem pessoal, seu compromisso com o Brasil do silêncio e da esperança.

Em certo sentido, ela é encarnação de figuras míticas centrais da memória brasileira. Do jovem rei dom Sebastião, cujo retorno a memória popular ainda espera em muitos recantos do Brasil; do padre Antônio Vieira, seu profeta; de Antônio Conselheiro; do monge João Maria; dos Doze Pares de França; dos muitos místicos que levantaram e ainda levantam nos sertões a bandeira milenarista de um reino de liberdade, justiça e fartura. A senadora Heloísa Helena é nesta campanha eleitoral uma figura literária de Guimarães Rosa, de Ariano Suassuna, de Glauber Rocha, um São Jorge guerreiro combatendo o dragão da maldade. Sua indignação com os efeitos perversos da economia atual, com as mistificações do poder, com a corrupção, com a demora na redenção dos pobres é a indignação de milhões de eleitores. São aqueles que se sentem enganados por uma estrela-guia que, de fato, não levou o Brasil à cálida tranquilidade de um novo tempo.

Porém, esse não é o aspecto mais importante dessa possível reorientação do processo eleitoral. Seu aspecto mais importante, com desdobramentos na trajetória de Lula, reeleito ou não, é a repercussão eleitoral do inegável carisma de Heloísa Helena. Depois da onda mais vigorosa de denúncias de corrupção envolvendo o PT, os petistas ficaram aliviados porque a crise supostamente não havia alcançado Lula. O fato não teve repercussão imediata nas pesquisas de opinião. É que a consciência política do brasileiro dá muitas voltas antes de chegar lentamente a conclusões e decisões. O presidente Luiz Inácio parecia blindado. Tecnicamente, sim. Mas a política no Brasil sofre os efeitos de determinações extrapolíticas que tornam relativamente superficiais as interpretações baseadas exclusivamente na opinião verbal e as previsões políticas dela decorrentes.

A expressão pública do candente carisma da senadora pode ser o indício do esvaziamento do carisma de Lula. Carisma não se transfere nem se herda, ensinou Max Weber. Mas se perde. Esse pode estar sendo o efeito retardado e lento das revelações políticas das CPIs, da míngua de ações governamentais coerentes com as promessas de Lula e do PT em quatro campanhas eleitorais, além do impávido conformismo com a política econômica e as práticas políticas que condenaram com tanta veemência e hoje subscrevem com docilidade. Para o Brasil de cidadania circunscrita ao dia de eleições, que é boa parte do Brasil que vota, importam muito pouco as razões de Estado, as razões do Brasil que governa, por mais ponderáveis que sejam.

Se há muito de mística sertaneja na aura política de Heloísa Helena, não nos enganemos. O sertão mítico e literário está em toda parte, no campo e na cidade, no Nordeste e no Sul. Justamente no Sul familista e religioso, de alma camponesa, celeiro de vocações sacerdotais, berço social do MST, a opção pela senadora alcançou 13% das intenções eleitorais. Enquanto no seu Nordeste de origem, o Nordeste latifundista, patriarcal e de tradições coronelistas, tem ela sua maior rejeição, 30%, e Lula a menor, 16%. Mas no Brasil ela é rejeitada por 21%, a menor porcentagem dos três primeiros candidatos, e Lula por 32%, a maior. Correndo o risco de uma demarcação estereotipada, ela não vai bem no Brasil arcaico, mas vai muito bem no Brasil pré-político, dos valores populares, familistas e conservadores. O oposto de Lula, que vai bem no Brasil arcaico, do clientelismo que o PT combateu em idos tempos, mas vai relativamente mal no Brasil pré-político, que foi sua principal base social de referência e de apoio. Se Heloísa Helena não estiver no segundo turno, seus eleitores migrarão em maior número para Alckmin, do PSDB, do que para Lula. Há em tudo isso a indicação de um processo de ruptura do eleitorado tanto em relação a Lula quanto em relação ao PT.

Explicando seu ideário político, disse ela que conheceu o socialismo na *Bíblia*. Mesmo que Lula insista em afirmar que não é de esquerda (e já o fez duas vezes neste ano) e que seu partido, apesar de tudo, insista em dizer-se socialista, o que mobilizou o voto de muitos eleitores para o PT e Lula não foi o socialismo, mais ou menos leninista de membros do governo, mas o socialismo bíblico da religiosidade popular. No caso do governo Lula, o socialismo leninista e o socialismo bíblico foram vencidos pelo chamado neoliberalismo, pelo populismo e pelas razões propriamente políticas, que o governo subscreveu.

No caso de tornar-se a primeira mulher a presidir a República, resta saber quanto o socialismo bíblico da senadora será viável. Como fará ela para ajustar os comoventes valores sociais desse ideário de certezas comunitárias, enraizados na visão de mundo dos simples, dos que vivem do suor do rosto e não raro das migalhas que caem da mesa dos fartos, às incertezas da política e da economia globalizadas e à modernidade da indiferença, do individualismo, do consumismo e da precedência dos direitos individuais em relação aos direitos sociais? Eis o dilema: ou o mundo moderno e real ou a metamorfose da sujeição. Lula que o diga.

O segredo de Lula está na alma do povo

Lula é o grande enigma da política brasileira. Não porque tenha um invencível carisma. Há várias evidências de que esse carisma declina, esvaziado pelas contradições da rede de apoio que o levou ao poder e pelo que o próprio poder faz ao carisma político. Seu carisma não foi suficiente para elegê-lo em três eleições anteriores àquela que o levou à presidência da República. O declínio desse carisma não será suficiente para privá-lo de um segundo mandato presidencial. Esse é o nó do enigma. Lula cresce no desgaste.

As pesquisas de opinião eleitoral das últimas semanas não deixam dúvida quanto ao fato de que é ele o favorito da maioria, em todas as categorias sociais. Há óbvias variações entre as classes sociais, as categorias de idade, de gênero, de escolaridade e de região. Mas Lula mais junta do que separa.

Seu governo mostra que nem ele mesmo compreende isso. Debocha dos intelectuais, proclama a superioridade política de sua própria insuficiente escolaridade. Orgulha-se da ignorância. No entanto, é o bem-amado da intelectualidade que se acha e se proclama de esquerda.

É católico a seu modo, o que quer dizer que não é um católico *comme il faut*. No entanto, é o mais abençoado político brasileiro pela hierarquia católica. E é também abençoado por setores até importantes das Igrejas Evangélicas. No âmbito das religiões, mais reúne do que espalha. Isso é um milagre.

Proletário de origem, cresceu fazendo o discurso sindical menos conciliador, atacando os pelegos do trabalhismo getulista. No poder, praticamente nada conseguiu para a classe operária que representasse alguma diferença em relação a governos anteriores. Lula, no entanto, ainda é recebido no meio operário como o companheiro.

Lula foi, nos tempos do sindicalismo, um crítico temido do grande capital e do capitalismo. Mas é, provavelmente, o político brasileiro em quem o empresariado mais confia hoje: sabe que com ele tudo muda para permanecer na mesma. A classe média, que o renegava, mais por desprezo e nojo do operário que representava seu próprio passado recente, vê nele agora o monumento vivo da ascensão social. Ele simboliza aspirações naquilo que se tornou e vingança naquilo que diz.

Lula é a diversidade dessas contradições. Ele é um poço de imperfeições, que são as imperfeições de todos nós. Vence-as rindo, fazendo pouco caso da perfeição dos outros. Seu partido e seus aliados envolveram-se até a boca nas águas podres da corrupção para o projeto de permanecerem no poder, na cara nova e insustentável da ditadura do proletariado. Nem uma gota da lama espessa parece tê-lo atingido.

Lula permanece porque é inofensivo. Essa é sua grande qualidade. Todos sabem que com ele não há riscos nem políticos, nem econômicos, nem sociais. Lula permanece, também, porque não há um discurso novo no cenário político brasileiro. O PT não se realizou no poder. Ao contrário, afundou, perdeu-se de sua doutrina, dispensou seus cérebros, aniquilou seus éticos. Já o PSDB não encontrou o caminho da inovação. Não entendeu que ser sucedido por um governo do PT impunha uma revisão profunda de suas metas e de sua competência. Impunha a superação do PT mais do que a contestação do PT. Apresenta-se com a intenção de repetir-se, sem perceber que o governo Lula já é essa repetição. De certo modo, Heloísa Helena e o PSOL e Cristovam Buarque e o PDT vão na mesma linha. Perderam-se no puritanismo da restauração sem ganharem-se na racionalidade da inovação.

O PSDB é, provavelmente, o único partido brasileiro que chegou a ter uma visão prospectiva da história e das possibilidades históricas do país. Chegou ao poder, com Fernando Henrique Cardoso, porque teve essa competência no devido tempo. Entendeu que as velhas polarizações sociais fundadas na suposição da luta de classes haviam sido vencidas pela dispersão das classes e pelo poder de recriação e de reinvenção do capitalismo. Compreendeu que a inovação social e política se determina pelo poder de reprodução da sociedade contemporânea. Lula e os sindicalistas também têm certa percepção desse fato histórico. Mas percebem que o discurso radical inócuo ainda produz votos, com a vantagem de que agora já não é preciso levá-lo a sério. Sempre haverá um bode expiatório para exorcizar o fracasso e a incompetência. Sabem qual é a diferença entre fato e versão do fato.

É esse cenário que dá vida a Lula. Ele e os outros principais candidatos à presidência fazem o mesmo discurso, lutam pela mesma causa. Só se diferenciam na maledicência, nas acusações. Nessa perspectiva, não há porque substituir Lula. Seria trocar o mesmo pelo igual. As diferentes categorias sociais da sociedade brasileira estão anestesiadas pela falta de alternativa, pela generalidade da crise social. O eleitorado de descrentes tornou-se um decisivo eleitorado insensível, que perdeu o sentido da indignação. Foi derrotado pelos políticos.

Lula foi hábil. Usou com plena consciência o fato de que não foi eleito pelo PT. Foi, sim, o grande eleitor do PT, o que tornou o PT um partido eleitoralmente descartável. Manteve prudente distância em relação ao seu próprio partido e a todos os focos de problemas que pudessem contaminá-lo pessoalmente. Deixou-se construir como figura pública, pôs-se lealmente a serviço de causas entre si contraditórias, como a mística católica da Igreja *soi-disant* encarnada e o materialismo leninista, *soi-disant* revolucionário. Lula tornou-se politicamente necessário para costurar os radicalismos dispersos e residuais dos órfãos políticos do Brasil. Esse é o principal elemento do seu carisma, ainda forte apesar da fadiga dos materiais dessa construção.

Mas, sobretudo, ao imputar carisma a alguém, o brasileiro o perdoa, até antecipadamente, de todos os pecados e erros, cometidos e a cometer. Lula orgulha-se de compreender a alma do brasileiro. Ele sabe, porém, que essa é uma alma dividida. Atribui ao ungido todas as bondades, e, quando ele peca, não é ele: é o maligno que o tenta, para dele se apossar. Essa cultura é o escudo de Lula e seu segredo.

Créditos do capítulo

"A fé e a política à beira do rio" foi publicado originalmente em *O Estado de S. Paulo*, caderno Aliás, a semana revista, 23 out. 2005, p. J3.

"A ala católica petista: crise e consequências" foi publicado originalmente em *O Estado de S. Paulo*, caderno Aliás, a semana revista, 8 jan. 2006, p. J5.

O texto inédito "Contradições da missão profética da Igreja" foi escrito em 2007.

"O PT, o sociólogo, a cenoura, o caviar" foi publicado originalmente em *O Estado de S. Paulo*, caderno Aliás, a semana revista, 19 fev. 2006, p. J3.

"O principal cassado da crise" foi publicado originalmente em *O Estado de S. Paulo*, caderno Aliás, a semana revista, 9 abr. 2006, p. J5.

"Bolsa Família para libertar Lula do MST" foi publicado originalmente em *O Estado de S. Paulo*, caderno Aliás, a semana revista, 4 maio 2006, p. J3.

"O empresário do protesto e seu exército" foi publicado originalmente em *O Estado de S. Paulo*, caderno Aliás, a semana revista, 11 jun. 2006, p. J5.

"A senadora e seu socialismo bíblico" foi publicado originalmente em *O Estado de S. Paulo*, caderno Aliás, a semana revista, 23 jul. 2006, p. J6.

"O segredo de Lula está na alma do povo" foi publicado originalmente em *O Estado de S. Paulo*, caderno Aliás, a semana revista, 3 set. 2006, p. J5.

O novo PT
do velho poder
(2007)

O PT tornou-se um partido eleitoralmente forte e politicamente fraco, o que faz o governo depender muito mais do carisma de Lula do que do partido. Mas o governo consome o carisma de Lula como combustível de emergência.

Forte nas urnas, fraco na política: eis o novo PT

A desordem no governo ficou exposta pelos dois acidentes aéreos recentes, pelo caos nos aeroportos e por reiteradas palavras e atitudes irresponsáveis de alguns de seus membros a propósito dos acontecimentos. Aos poucos, o país vai se dando conta de um complicado aspecto do governo Lula. Cada membro puxa sua cota de mando e decisão numa direção diferente, fora do controle da cabeça que deveria dirigi-lo. O governo, indevidamente chamado de coalizão, acabou resumindo-se a uma articulação para loteamento do Estado, que no fundo esvazia e anula as promessas de suas origens.

O PT tornou-se um partido eleitoralmente forte e politicamente fraco, o que faz o governo depender muito mais do carisma de Lula do que do partido. Mas o governo consome o carisma de Lula como combustível de emergência para aparentar que no país há ordem e progresso. É esse artifício que se reflete nas pesquisas de opinião, que favorecem Lula apesar das incertezas evidentes. As reiteradas crises do governo, desde o primeiro mandato, até o evidenciado na tragédia de Congonhas, nos mostram um comando político vacilante, consequência da partilha do poder e do debilitamento da autoridade presidencial. Essa crise de autoridade chegou a tal ponto que a posse do novo ministro da Defesa, Nelson Jobim, foi tratada e recebida como a posse de um novo primeiro-ministro.

A fragmentação do governo reflete o caráter fragmentário do PT, que antes de esvaziar-se no governo, esvaziou-se na incapacidade para manter democraticamente a sua rica diversidade interna. Aferrou-se a um difuso projeto político para o país baseado nas hipotéticas esperanças de uma classe social, a classe operária, ela própria em crise profunda decorrente das transformações nas relações de trabalho e do desemprego. O PT chegou ao poder sem ter chegado, desprovido de um projeto de nação, munido apenas de um fantasioso projeto de classe social. Para governar, perdeu-se na loteria do poder nas mãos de partidos fisiológicos. O poder não inaugurou a dilaceração interna e o esvaziamento do PT. Apenas consumou-os. Seus fatores podem ser rastreados nas próprias circunstâncias e características históricas do partido.

No final de um processo de fragmentação das esquerdas brasileiras, que marcou basicamente o período da ditadura militar, mas que vinha de antes, surgiu o PT e, polarizando-o simbolicamente, a figura do operário Lula. Um sonho proletário emergiu como partido e como carisma. Em nome de uma revolução difusa, invertebrada, que reuniria todos os nossos messianismos e milenarismos, lá se foram o partido e seu messias em direção ao poder. Mas o povo perdeu o medo de ser feliz nas migalhas do assistencialismo.

O nascimento e o crescimento do PT se deram em função da concentração da classe operária na região industrial do ABC, no rastro das greves de confronto com a ditadura. Parecia que o operariado se levantava politicamente e uma classe social literalmente se tornava um território. Mas o partido que nascia era um partido da elite sindical dos operários qualificados e bem pagos, e não um verdadeiro partido de descamisados da ilusão dos intelectuais e dos religiosos. Inovou, incorporando a territorialidade como princípio lógico de seu expansionismo, a lógica do pedaço, do onde eu piso ninguém pisa. Expandiu-se através da criação, demarcação e posse de novas espacialidades na política, fazendo o que os outros não fizeram. Trouxe para a vida partidária a mentalidade de paróquia e suas ricas e contraditórias possibilidades. Nessa concepção corporativa e despolitizante da política, não há crises, o que dá vitalidade ao partido e ao governo.

Esse partido regional compreendeu, e bem, que para se tornar um partido nacional teria que fazer algumas transposições conceituais que mascarassem a sua solidão social e territorial. "Classe operária" virou "trabalhador", o conceito mais abrangente e de menor conteúdo. Uma categoria da luta de classes tornou-se categoria do mero conflito de interesses entre grupos sociais opostos, uma adesão sutil ao capitalismo antes combatido. A categoria "trabalhador" incluiu tudo e todos na mística operária, um verdadeiro adeus ao proletariado.

Já às vésperas do acesso ao poder, e pelo poder, o PT foi mais longe, alargou ainda mais a sua categoria social de referência: se havia passado do operário ao trabalhador, passou agora do trabalhador ao pobre. Passou do que reivindica ao que pede, o oposto da referência de classe de sua origem.

Em certo sentido, essa imensa mudança introduz uma anomalia no cenário histórico e político brasileiro. O PT e Lula chegaram ao poder ao mesmo tempo que as bases sociais de sua referência ideológica e doutrinária foram, e vão sendo, historicamente minimizadas pelas transformações econômicas e sociais, pela reestruturação produtiva, pelo desemprego. É como se, de repente, o edifício ficasse sem alicerces. As crises e as incertezas do governo Lula expressam esse descolamento e a falta de sua compreensão.

O presidente acusa o golpe

Tanto o Cansei, da Ordem dos Advogados do Brasil (OAB) de São Paulo, quanto o Cansamos, corporativo da Central Única dos Trabalhadores (CUT), já nascem cansando pelo inócuo, um, e pelo suspeito, outro.[1] No entanto, o primeiro nasce legitimamente do cansaço de setores da classe média intimidada pela intolerância e pelo autoritarismo que se difundem sorrateiramente pela trama social, encurralando o protesto dos descontentes nos espaços residuais da opinião pública. A central de produção de rótulos de impugnação do democrático direito de expressão já se articulou e já colou as etiquetas de satanização no grupo que mal abriu a boca: golpistas e direitistas.

O segundo, o Cansamos, da CUT, se expressa numa lista de 17 cansaços que, na maioria, não são apenas dela, mas de todo o povo brasileiro em relação a problemas que não têm merecido, sobretudo do governo Lula, a intervenção mais incisiva e urgente, como o trabalho escravo, a sonegação de impostos, o trabalho infantil, as jornadas desumanas de trabalho, a justiça que privilegia o poder econômico, o *lobby* das grandes empresas sobre o poder público, as altas taxas de juros, os acidentes de trabalho, a superexploração da mão de obra, as taxas bancárias, a precarização da força de trabalho, o superávit primário, a falta de direitos trabalhistas para mais da metade da população. A mídia mereceu três cansaços por não se dobrar às conveniências do corporativismo partidário e governista.

Tudo muito estranho, porque a CUT está na base do governo Lula, que supostamente tem o poder e o dever de resolver esses problemas. Pior: em Cuiabá, na terça-feira, um Lula desconcertado afirmou que os que o estavam vaiando (supostamente membros do mesmo coro dos inconformados do Cansei) eram "os que ganharam muito dinheiro no meu governo [...]. É só ver quanto ganharam os banqueiros, os empresários". Ora, a maior parte dos 17 cansaços da CUT é relativa aos problemas sociais e trabalhistas que são a contrapartida da injusta distribuição da riqueza e desse "muito ganhar", de cujo patrocínio Lula se gaba. Certamente, a imensa maioria dos que preferem o coro do Cansei ao coro oficial do Cansamos é vítima da tributação extorsiva que paga as mordomias do governo, e não beneficiária da cornucópia governamental. Os cansaços da CUT seriam oportunos, se não fossem tardios.

A reação articulada de Lula, da CUT e de intelectuais do silêncio às vaias do Maracanã e de Cuiabá e ao tímido descontentamento dos adeptos do Cansei, batendo nas mesmas teclas, a do golpismo dos descontentes e a da culpabilização da mídia, sugere que para o partido do governo os diferentes setores da sociedade já não têm direito de opinião e de protesto. Ora, é na opinião divergente e fundamentada e no protesto político decorrente que a democracia se firma como convivência da diversidade social e política.

O Cansei da OAB se circunscreve à tragédia de Congonhas e se limita a convocar os descontentes para um minuto de silêncio no dia 17 de agosto, às 13 horas, no local em que ela ocorreu. É significativo indício de fragilidade política que Lula, a CUT e o PT tenham vestido a carapuça do cansaço tão prontamente. E que considerem esse minuto de silêncio como a ponta de um movimento tão perigoso que possa levar à deposição do presidente e de seu partido.

Tanto a reação da CUT quanto a dos petistas convocados para a guerrilha ideológica autodefensiva acabarão por provocar a aglutinação dos descontentamentos, sobretudo da classe média e dos setores esclarecidos da sociedade, dando-lhes efetivamente a dimensão e a importância social de amplo protesto contra o governo e o PT. Essa tem sido a dinâmica da maioria dos movimentos sociais entre nós: eles se robustecem no antagonismo dos que os temem.

Esse cenário expressa a novidade de que Lula, preservado na rítmica turbulência de seu primeiro governo, começa a ser alcançado diretamente pelo descontentamento social e político neste segundo governo. Se o PT não fosse um partido corporativo e sindical, acolheria com regozijo essa tímida onda de insatisfação que dá ao seu governo a oportunidade de se confrontar com a discordância e de se livrar da sustentação política mais apoiada na bajulação do que na opção política cidadã. Para isso, teria que se livrar da estratégia inquisitorial e primária de se defender acusando e desqualificando os opositores. O mandato de quem governa se legitima, também, e sobretudo, no direito ao descontentamento e na discordância dos que a ele se opõem.

Nos espasmos das vaias e do Cansei, a sociedade dá a entender que de fato se cansou não só com o que percebe, mas também com o que não percebe, mas sente, nas consequências dos atos, nas omissões, insuficiências e erros do governo. Aquele gesto obsceno do assessor de Lula para Relações Internacionais, no próprio Palácio do Planalto, mostrou a melancólica pobreza de espírito de quem age no palácio, na postura e nos gestos, como se ali fosse sucursal de botequim. No exercício do poder, pessoas e lugares revestem-se de uma dimensão litúrgica, que é a expressão formal do mandato e da representação política. Na violência simbólica do gesto impróprio, desrespeitoso e descabido, foi agredida a sociedade, que se expressa nas simbolizações e liturgias do mando político e do Estado.

O governo Lula é péssimo no trato do simbólico do poder, afogado que foi nas facilidades da publicidade bem paga e nas manipulações do imaginário que ela comporta. Mas, justamente nesse capítulo, os autores e promotores do Cansei põem as mãos, e o seu cansaço, imprudentemente, no espaço fortemente simbólico do local da tragédia, sacralizado pela imolação de vítimas inocentes da imprudência, da imprevidência, da incompetência e da irresponsabilidade. Verdadeiro sacrifício humano, mais grave ainda por ser aquele o lugar dos mortos não encontrados e o lugar dos que ali viveram, injustamente, seu último momento. Por justos que sejam o cansaço e o protesto, convém lembrar, com essas coisas não se brinca impunemente.

Nota

[1] Cansei foi o movimento lançado pela OAB, secção de São Paulo, em julho de 2007, com apoio de entidades empresariais, contra a corrupção e também motivado pela chamada crise aérea. O governo defendeu-se com um movimento antagônico, o Cansamos, lançado pela CUT, petista.

Estado doente, sociedade enferma

A esquizofrenia do Estado brasileiro se manifestou mais uma vez nos vários episódios políticos que nas últimas semanas foram destaque na mídia. Do recebimento da denúncia do procurador da República, pelo Supremo Tribunal Federal, contra os acusados de envolvimento no mensalão, às incongruências das resoluções do 3º Congresso do Partido dos Trabalhadores; do caso Renan Calheiros, no Senado, ao barulho corporativo dos vereadores de São Paulo com o tombamento de edifícios históricos e as restrições para construção nas respectivas áreas envoltórias, a esquizofrenia do Estado fica evidente. Deixa-nos, desanimados cidadãos, na dúvida em relação a quem é mesmo o povo, ao que é mesmo o mandato político, a quem os políticos de fato representam.

O Estado esquizofrênico expressa a sociedade anômica que é a nossa, sociedade regrada por valores e orientações em descompasso com as funções e necessidades sociais e políticas requeridas por seu formato. Uma sociedade que parece moderna e avançada e é de fato uma sociedade atrasada, com amplos setores sociais retardatários da história, aquém do moderno que presumimos. Só teatralmente o Estado brasileiro é moderno e, às vezes, nem assim. Um eleitorado que em muitas partes do país, mesmo nas regiões economicamente mais desenvolvidas e nem por isso politicamente mais adiantadas, vota ainda por deferência à política do favor e do poder pessoal. Na maioria, somos um eleitorado incapaz de decantar a realidade para decidir politicamente sobre a política. Em boa parte, porque os partidos não nos ajudam a pensar a política desse modo. Sobrevivem com nosso atraso.

O caso envolvendo o presidente do Senado é uma indicação de quanto a política personalista do atraso invadiu a Brasília ilhada na solidão dos políticos distantes do povo e das próprias instituições. Não é diferente o caso da Câmara Municipal de São Paulo, que combate a história e a memória social em nome de interesses corporativos anti-históricos e até mesmo antissociais, em nome do atraso, e não da civilidade.

O congresso do PT, que reúne seis facções ideologicamente distintas e até conflitantes sob um único nome, o do Partido, refletiu o drama da harmonização da sociedade anômica com o Estado esquizofrênico: proclama estratégias para se aproximar dos movimentos sociais e das organizações populares, cuja grande e fundamental base é católica. No entanto, aprova a descriminalização do aborto, medida moderna de saúde pública que conflita com a orientação católica de seus constituintes. E ninguém debate o conflito que há nessas decisões. Ao mesmo tempo, o Partido, nominalmente operário, aprova enfática moção que proclama a reforma agrária como o principal problema do país e sua principal meta. Mas não se propõe a enfrentar politicamente o esvaziamento econômico da categoria "trabalho". Esvaziamento que se agrava em consequência da intensificação das trocas econômicas com os países asiáticos, especialmente a China, países que, em troca do que nos compram, nos vendem produtos de trabalho degradado que degrada ainda mais o de nossos trabalhadores.

Os políticos são atores desse teatro do desencontro. Alguns têm clareza e consciência do cenário de contradições em que se movem.

Outros, se têm essa clareza, não a demonstram. O presidente Luiz Inácio, com frequência, compara positivamente seu governo com todos os governos que o antecederam. Nega-se em Cardoso, que copia, e reconhece-se em Getúlio, que não copia e que seu partido abominava. O seu "nunca antes neste país" tornou-se o bordão do governo, como, com muito mais sentido, o "brasileiros e brasileiras", de José Sarney, e o "trabalhadores do Brasil", de Getúlio Vargas. Nestes últimos, porém, havia o reconhecimento da alteridade do povo, como referência, motivo e destinação.

Esse "nunca antes" não é só desconhecimento da história. É, também e sobretudo, negação da história e da historicidade da política, do poder como missão delegada do outro que é o povo e o cidadão. Nem por isso o povo deixa de estar lá, mutilado, oculto, nas falas do presidente. Lula, embora nesse sentido precedido por um amador, o presidente Collor, difundiu no Brasil o poder teatral como forma de governar. Ele é plateia e ator ao mesmo tempo. Governa e faz oposição ao governo. Esse, aliás, é o segredo da nova aparência da política brasileira, personificação das duplicidades que nos abatem. Nesse cenário, o povo conta pouco.

Quarenta pessoas, ligadas ao governo, são transformadas em rés, pelo Supremo Tribunal Federal, no processo do mensalão. Lula age como se não fosse com ele, cindindo-se como pessoa física, de um lado, e pessoa política que é o exercício da presidência da República, de outro. Compreende-se. Sua estratégia protege a instituição, mas é também autoprotetiva.

Lula lava a mão em relação a aliados e amigos. Mas lava uma só. Vai ao congresso de seu partido e rompe a harmonia e o respeito da relação entre os poderes. Pede apoio para os réus, solidariza-se com eles, inocenta-os antes do julgamento final. Lula é o duplo, o ser bifronte das inconsistências e ambiguidades da estrutura política brasileira. Não é ele mesmo. É o outro gestado pelas anomalias do poder. Faz teatro ao abandonar os amigos e companheiros processados e faz teatro ao pedir ao seu inquieto partido, do qual é membro e presidente de honra, que não os abandone.

Lula não é o problema. Ele apenas o personifica, e seu teatro político constitui a expressão criativa do governante que, cindido, desempenha com convicção, num mesmo dia, e não raro no mesmo palco, papéis opostos. Ser ou não ser, eis a questão teatral e política. O problema é a organização do Estado brasileiro, defeituosa da base ao topo, na mutilação da representação política. A Constituinte tentou harmonizar os antagônicos, criou caminhos de expressão harmônica dos opostos, conciliou além da política para viabilizar a política e, ao viabilizar a política, viabilizou o político antes de viabilizar o país e o Estado.

Santos de pau oco da política

O presidente do Senado Federal, na véspera do julgamento do pedido de cassação de seu mandato, encaminhado pela Comissão de Ética da casa, não compareceu sozinho às manchetes de jornais daquela manhã. Para grande espanto dos que foram educados na tradição republicana, o senador posava ao lado da veneranda imagem de Nossa Senhora de Nazaré, trazida de Belém do Pará. Apesar de haver no país separação entre Igreja e Estado, um evento religioso e católico no recinto do Senado fora organizado pelo senador paraense do PSDB Flexa Ribeiro.

Se a festa religiosa e a visita da imagem da santa e do arcebispo não foram armação para circundar com aura de santidade a cabeça do acusado, a própria coincidência sugeriu que armação ocorreu em face da oportunidade. O presidente do Senado não relutou em coadjuvar e viabilizar o ato religioso. No país em que para tudo se dá um jeito, o Senado promovia a comemoração dos 214 anos da festa do Círio de Nazaré, que se celebrará em Belém do Pará, só no mês de outubro. Diga-se de passagem, que a maior e uma das mais belas e comoventes festas religiosas do catolicismo brasileiro não precisa de publicidade desse tipo e menos ainda num lugar simbólico da laicidade, como o Senado. Já se aproxima de dois milhões o número de participantes de cada procissão da santa, que a ela compareçem espontaneamente.

É muita gente para que se resista à tentação de instrumentalizar a fé do povo, a dificuldade da Igreja para esquivar-se de aproveitadores e as exageradas oportunidades do poder. O fato é que a sagração inesperada de quem seria dali a pouco colocado em outra berlinda, que não a da santa, tornou a todos os circunstantes coniventes, soubessem ou não, do ato que violou o princípio da separação constitucional de Estado e Igreja. Ato que poderia repercutir no andamento e nos desdobramentos dos fatos, inocentando previamente pela religião quem deveria ser julgado pela razão, com base na lei e nos fatos apurados e denunciados.

Essa complicada trama traz para o âmbito da religião a debilidade da política. Já no dia seguinte, nas ruas de Belém do Pará, corria voz de que a absolvição de Renan Calheiros fora milagre da Virgem de Nazaré para proteger Lula. O imaginário ingênuo de muitos desvendou num átimo as conexões de sentido do que foi, teatralmente, apresentado à opinião pública como inocente ato de fé. O próprio povo deu-se conta de que na absolvição de Calheiros estavam em jogo os interesses de Lula e do PT.

Ainda permanece nas tradições de muitos recantos do país a crença de que, se, de algum modo, há evidência do reconhecimento divino da inocência de alguém, supostamente culpado do que quer que seja, mesmo de crimes de sangue, até o culpado se torna inocente. Os políticos modernos e os cientistas políticos deveriam conhecer melhor o imaginário que preside as vicissitudes do nosso presente e da nossa política. Menos ingenuidade e mais antropologia ajudaria muito a compreender os descompassos entre povo e política.

Dom Dimas Lara Barbosa, que, além de formado em filosofia e teologia, é engenheiro eletrônico e foi profissional de Engenharia, portanto, homem afeito aos clamores do laicato e da razão, reagiu à absolvição do acusado, em nome da Conferência Nacional dos Bispos do Brasil

(CNBB). Ele o fez com a veemência que bem expressa os sentimentos do episcopado, e não só dele, em relação à grave e acelerada deterioração da vida política brasileira e das próprias instituições. Mas não fez reparo algum em relação ao notório abuso do que acontecera no Senado, horas antes, envolvendo o culto de Nossa Senhora de Nazaré. A Igreja não cultiva a malícia política nem pode fazê-lo. Mas casos como esse sugerem mais atenção à esperteza de certos políticos que, investidos do mandato de respeitar e cumprir a Constituição, são os primeiros a interpretá-la a seu favor.

Quase um ano antes da Constituição republicana, de 1891, um decreto estabeleceu a separação entre o Estado e a Igreja e reconheceu a liberdade de crença e de organização religiosa, separação que se manteve nas Constituições seguintes. Mas é evidente que estamos num processo de restituição da religião ao corpo orgânico do Estado, sobretudo no Parlamento, tendo assento ali deputados e senadores anomalamente eleitos por Igrejas, ainda que sob rótulo de partidos políticos.

Durante o regime militar, o caráter laico do Estado produziu alguns frutos interessantes e pouco notados, impensáveis numa ordem republicana como a nossa, cheia de ressalvas e brechas antirrepublicanas. Regulada, aliás, até 1964, pela expectativa do veto católico e suas repercussões nas eleições em casos que contrariassem as orientações da Igreja. Foi nesse período que, pela segunda vez, um protestante, luterano, se tornou presidente da República, o general Ernesto Geisel (antes dele ocupara a presidência João Café Filho, presbiteriano, vice-presidente que assumiu com o suicídio do titular, Getúlio Vargas). Nesse período, o divórcio foi adotado, vários protestantes, pela primeira vez, se tornaram governadores de estados, no Pará, em Pernambuco, no Rio de Janeiro, e secretários de estado de filiação protestante serviram a diferentes governos, sendo notório o caso de São Paulo.

Significativamente, na oposição ao regime, no período ditatorial, começou a ser gestado o que viria a ser o Partido dos Trabalhadores como um partido católico, embora não o seja oficialmente, apoiado decisivamente pelas comunidades eclesiais de base e por setores da hierarquia.

O próprio Lula, em suas campanhas eleitorais, teve, em diferentes lugares, acesso a púlpitos católicos. E só ele. O que não deveria ter acontecido: nem ele, nem ninguém.

Se o Estado republicano, ao separar o Estado da Igreja, privou a Igreja Católica de sua importância política como Igreja oficial, beneficiou-a extensamente, no entanto, ao livrá-la da tutela política do governo e das razões de Estado na nomeação dos bispos e garantir-lhe a liberdade religiosa que nunca tivera na Colônia e no Império. A Igreja tornou-se mais Igreja e mais profética ao perder a anômala qualidade de repartição pública. Esse ganho pode estar ameaçado por vacilações da Igreja e oportunismos de Igrejas e de políticos, alguns fazendo da estrada de Damasco a mera estrada do poder.

A cara do Brasil no espelho das urnas

Afinal, qual é o Brasil cuja cara e cuja vontade ganha perfil no conjunto das urnas e dos votos, aí incluídos os brancos e nulos? Os resultados do primeiro turno das eleições de 1º de outubro de 2006 já indicam que cara é essa e de que vontade é ela expressão. Não é petista nem tucana. Houve, sim, uma aparente polarização eleitoral entre regiões "ricas" e "pobres". Onde mais acentuada é a divisão social do trabalho e maior a urbanização e a diferenciação social, maior foi a autonomia do eleitor para decidir sem medo pelo voto contra o governo. Onde maior é o atraso econômico e seus desdobramentos sociais, mais visível foi o voto temeroso e maior a relutância do eleitor em se libertar do cabresto do poder. Isso não quer dizer que o Brasil moderno seja apenas moderno nem quer dizer que o Brasil arcaico seja apenas arcaico. A variação, até acentuada, da proporção de votos em torno de um empate teórico entre os dois candidatos mais votados sugere variados níveis de emancipação e de independência do eleitor.

Tanto nas capitais quanto no interior, o passado ainda preside nosso entendimento do processo político. Há uma espécie de estrutura elementar da sociabilidade do brasileiro que está referida a poderosas tradições comunitárias, familísticas e corporativas. Onde quer que esses núcleos humanos de sociabilidade comunitária persistam ou se regenerem, no Sudeste ou no Nordeste, na cidade pequena ou na grande, as lealdades comunitárias ainda decidem o que é um homem de bem. Maior desonra do que votar num ladrão é deixar de votar nele sendo ele membro dessa rede de lealdades e de reciprocidades patrimoniais ou mesmo simbólicas. Na insegurança econômica e social em que vive um crescente número de brasileiros, mesmo nas grandes cidades, não é de espantar que cresça o eleitorado identificado com essas concepções da vida política. Mesmo onde o país se modernizou mais intensamente, no Sul e no Sudeste, os extensos quistos de pobreza e precariedade existencial recriam a comunidade de referência nos grupos corporativos de natureza religiosa, cultural, esportiva e até política. Ou nos grupos do crime organizado e suas regras de lealdade.

Um indício desse comunitarismo de referência das relações sociais e da nossa consciência social e política é o número de candidatos que, nestas eleições, se registraram com os apelidos pelos quais são conhecidos ou querem ser votados. A Justiça Eleitoral não vacilou em registrar nomes verdadeiramente destrutivos para a própria concepção de representação política, como estes três que apanho ao acaso nas listas do Tribunal Superior Eleitoral: "Ninguém", "Cowboy" e "Fofão". Contudo, não é o impolítico desses nomes que importa. Eles falam de outra coisa: do candidato que se propõe a representar o mundo circunscrito de eleitores que sabem pessoalmente quem ele é. Mesmo num caso como o da eleição do costureiro Clodovil ou do patrono dos injustiçados, Celso Russomano, é inegável a influência do coloquialismo de estrutura comunitária que marca seus programas na TV. São imaginariamente recebidos como visitantes na casa de quem os vê e ouve.

O PSDB e, no geral, os partidos de oposição não compreendem essas persistências nem sabem lidar com elas como expressões de vontades políticas que nos votos decidem a composição do governo e o destino do país. Rejeitam a suposta barbárie dessa comunidade fundamental e decisiva. Como o PT, e por razões opostas, enganam-se.

Quando Lula diz que conhece como ninguém a realidade do povo, diz uma verdade. Lula é, culturalmente, expressão desse mundo comunitário, do apelido aos palavrões que diz no palácio e fora dele, já consagrados em livro recente. No meio operário, o palavrão é recurso linguístico do comunitarismo obreiro, forma de estabelecer proximidade e intimidade entre os estranhos que foram juntados no espaço da fábrica pela mera inércia do mercado de trabalho. Essa, porém, é identidade que está aquém da identidade propriamente política e de classe social. A linguagem política agressiva e maniqueísta de Lula, rudemente polarizada no antagonismo obsessivo contra seu antecessor, reduz seu universo político à referência de um nós comunitário que, muito longe da competência política, força o deslocamento de sua identidade para um eixo que tem no atraso social a sua referência. Os votos o disseram.

O país volta a um passado que as consciências emancipadas desejavam superado. O PT nasceu da elite operária do ABC, e não de uma classe. Embora tivesse adotado o jargão da luta de classes e por meio dele a mística de um partido de esquerda e socialista, acabou sendo o partido do sindicalismo. Apadrinhado pela intelectualidade de esquerda, refratária ao stalinismo dos partidos comunistas, e apadrinhado pela Igreja do catolicismo social anticomunista, limitou-se ao jargão de esquerda, esvaziado do conteúdo dialético e de classes. Reduzido a expressar a consciência social dos padrinhos e da burocracia sindical e da classe média, no poder converteu-se em partido da hegemonia ideológica dos pobres.

A distribuição dos votos do PT, de modo geral, confirma essa metamorfose do partido, que não venceu nem mesmo na maioria dos sete municípios do ABC simbólico. O projeto de poder do PT, com Lula na presidência da República, apoia-se na suposição de que só o poder assegura as políticas sociais compensatórias, corretoras das iniquidades do neoliberalismo e executoras do socialismo de porta de igreja. É um projeto de permanência no poder que explica a neocorrupção. O retrocesso se cristaliza na revelação das urnas de que o povo interpretou essa inflexão de um partido e seu líder como inflexão do país e como franqueamento do retorno aos tempos de Maluf e de Collor. Os petistas, ao insistirem, sem razão, que o PSDB é um partido de direita, para cultivarem sua própria aparência de esquerda, camuflaram e inocentaram a verdadeira direita. A cara brasileira que surgiu das urnas apagou diferenças penosamente construídas.

Créditos do capítulo

"Forte nas urnas, fraco na política: eis o novo PT" foi publicado originalmente em *O Estado de S. Paulo*, caderno Aliás, a semana revista, 29 jul. 2007, p. J5.

"O presidente acusa o golpe" foi publicado originalmente em *O Estado de S. Paulo*, caderno Aliás, a semana revista, 5 ago. 2007, p. J3.

"Estado doente, sociedade enferma" foi publicado originalmente em *O Estado de S. Paulo*, caderno Aliás, a semana revista, 9 set. 2007, p. J6.

"Santos de pau oco da política" foi publicado originalmente em *O Estado de S. Paulo*, caderno Aliás, a semana revista, 16 set. 2007, p. J3.

"A cara do Brasil no espelho das urnas" foi publicado originalmente em *O Estado de S. Paulo*, caderno Aliás, a semana revista, 8 out. 2006, p. J3.

A reinvenção dos dois Brasis (2008-2009)

O PT adotou uma fatal e antipatriótica pedagogia política maniqueísta que, ideologicamente, dividiu o Brasil em dois grandes países antagônicos e inconciliáveis. Convenceu seus eleitores de que o povo brasileiro é um povo separado em duas populações: de um lado, a dos ricos e poderosos, que há 500 anos oprimem e exploram o povo, massa de privilegiados que abrange todos aqueles que não são petistas; de outro lado, a massa dos pobres e oprimidos, supostamente há cinco séculos explorados e dominados, que são os que presumivelmente se identificam com o PT e nele votam.

Ainda os dois Brasis

Recentemente o senhor publicou um artigo no jornal O Estado de S. Paulo, *em que mencionava o problema das relações entre sociedade e Estado, bem como a existência de dois Brasis, de uma fratura social e política ainda não superada. Em sua avaliação, como se relacionam o Brasil moderno e o Brasil arcaico?*

O Brasil tem um problema estrutural não resolvido, que é o da exclusão política da imensa maioria da população. Mesmo com a progressiva e lenta ampliação do número dos que podiam ser eleitores, a partir da proclamação da República, a inclusão eleitoral não se materializou como inclusão política. Foi, por isso, inclusão perversa. Nosso eleitorado é no geral alienado, vota em pessoas e, sobretudo, em estereótipos. Raramente vota em ideias e partidos, até porque praticamente não temos verdadeiros partidos políticos. Nossos partidos são, no geral, associações de interesses extrapolíticos, poucas vezes articulados em torno de um núcleo de ideias relativas tanto à administração do Estado quanto ao presente e ao futuro da sociedade.

Desse cenário, resultou historicamente uma sociedade civil minguada, patrocinada pelo Estado, em vez de ser uma sociedade civil que propõe e administra o Estado politicamente. Foi o Estado que fez a nossa independência e criou no Brasil o simulacro de uma sociedade civil, diversamente do que ocorreu em outros países, como salientou num estudo dos anos 1970 o professor Fernando Henrique Cardoso. Essa deformação responde pela extensa fragilidade da categoria "povo" em nosso país, como responde, também, pelo fato de que as minorias governantes governem contra a sociedade, e não em nome dela. Esse problema decorre do fato histórico de que a sociedade brasileira foi edificada sobre escravidões, em que a maior parte da população não era povo, considerada em termos puramente econômicos como massa de semoventes condenados ao trabalho braçal. No período colonial, quem caminhava sobre os próprios pés ou trabalhava com as próprias mãos não fazia parte do estamento dos homens bons, os únicos que podiam ocupar funções na *res publica*, nas câmaras municipais, o verdadeiro poder territorializado em tensa relação com a Coroa extraterritorial. As grandes mudanças sociais que tivemos foram poucas: na abolição da escravatura indígena, em 1755, que anulou uma escravidão por outra; e na abolição da escravidão negra, em 1888, substituída por diferentes modalidades de servidão por dívida, que, ao suprimir a linha racial do cativeiro, o estendeu além da cor da pele e das raças. Essa terceira escravidão persiste, residualmente, até hoje. Reconhecida e condenada no governo Fernando Henrique Cardoso, em 1995, que a combateu a partir de então e durante o qual foi elaborado o Plano Nacional de Erradicação do Trabalho Escravo. Apesar da redução significativa do número de trabalhadores encontrados em cativeiro, o problema persiste e insiste.

Nessa estrutura de referência, outras marginalizações se aglutinam e se consubstanciam. Os dois Brasis já não são apenas o Brasil desenvolvido e o Brasil subdesenvolvido, de que tratou Jacques Lambert em *Os dois Brasis*, o Brasil rico e o Brasil pobre; mas o Brasil legal e o Brasil clandestino, o Brasil da lei e o Brasil alternativo que não está reconhecido nas leis. Este segundo Brasil cresce em todos os planos: na já rica e poderosa economia clandestina, no Estado paralelo e oculto que aparece mal disfarçado sob o rótulo de corrupção e na justiça paralela (que vai dos linchamentos aos tribunais de pequenas causas das organizações criminosas). A relação entre esses dois Brasis é real e organizada e se consolida através das figuras que transitam, na economia e na política, entre os dois. Sem isso, estaríamos, provavelmente, mergulhados numa guerra civil – se é que já não estamos, pois tudo indica que o Brasil clandestino declarou guerra ao Brasil legal, que só não reagiu, ainda, por falta de munição, a da consciência crítica e da competência política.

Considerando as peculiaridades da figura do presidente Lula, como podemos analisar sua postura frente a essa cisão social? É possível inserir o presidente na tradição messiânica tão própria da cultura ibérica? Como o senhor avalia essa questão?

Lula não é uma dessas figuras de trânsito. Ele foi politicamente educado dentro da ordem representada pelo sistema sindical brasileiro, historicamente um apêndice do Estado, e por ele capturado. Não é surpresa que, no poder, Lula tenha com tanta facilidade, na figura de presidente da República, agido como se a República fosse um sindicato. Em nenhum momento seu governo assumiu as demandas inovadoras da, ainda que frágil, sociedade civil. As grandes mudanças sociais e políticas não ocorreram. Assim como ele foi ao longo da vida um membro ativo e competente desse apêndice do Estado, que é o sindicato, toda sua política social não tem feito outra coisa senão transformar a massa dos adventícios da cena política, os pobres e os trabalhadores, também em apêndices do Estado. É o que ocorre com seu assistencialismo estatizado.

Em boa parte, essa orientação política dialoga com o milenarismo brasileiro e faz de Lula um potencial líder messiânico. Mas Lula tem uma compreensão pobre do nosso milenarismo porque a fábrica e o sindicato o converteram num burocrata das relações de trabalho. Ele é menos líder do que se pensa e mais administrador do que se reconhece. Ao mesmo tempo, sua ideia de messianismo é caricata, pelo que se depreende de quando se apresenta como enviado de Deus. O dotado de verdadeiro carisma não pede para ser reconhecido. Seu carisma é naturalmente reconhecido pelos seguidores. É o que expressa a imensa ruptura que houve em sua vida, entre sua origem popular sertaneja e sua rápida conversão em político e figura do *establishment*. Lula saiu criança do sertão de Pernambuco e foi rapidamente ressocializado como morador da periferia e do subúrbio. O sociólogo Roger Bastide dizia que era negro, de fato, quem conseguia sonhar como negro, aqueles em cuja vida não ocorrera a ruptura entre o dia e a noite, entre a vigília e o sonho, entre a vida e a morte. Nesse sentido, a maioria dos negros de origem africana conservou apenas a negritude da pele, mas perdeu a negritude da alma. Isso acontece com multidões de pessoas que vieram da roça e do sertão. Não trouxeram consigo os valores de referência da cultura tradicional mestiça e sertaneja e toda sua complexidade. O carisma de Lula é mais superficial do que ele supõe e encena, o que fica claro em suas oscilações quanto à figura mítica de referência que gostaria de assumir.

O senhor acredita que o Brasil deve investir na modernização de suas instituições para resolver seus problemas sociais? Em que medida o ensino jurídico pode contribuir para esse processo?

Para investir na modernização de suas instituições, o Brasil teria que investir no estudo e reconhecimento do abismo que o separa do Brasil paralelo, dos órfãos da economia, da política, do direito. Sem essa providência, tudo será inútil. Nosso ensino jurídico é ruim, sem exceção, simplesmente porque não reconhece antropologicamente a ficção em que o direito se converte numa sociedade de multidões sem direitos. Nosso ensino jurídico é baseado no falso pressuposto de que este é um país moderno e civilizado. Não o é. Somos um país apenas recoberto por uma frágil casca de civilização. O Brasil dos juristas tem sentido no largo de São Francisco, durante o dia, mas não durante a noite, quando dezenas de sem-teto se abrigam como podem à beira das arcadas e também na praça João Mendes da pompa jurídica. Não tem nenhum sentido na circunstância da baixada do Glicério, que fica bem perto, onde mourejam os órfãos da República. Temos juristas brilhantes, e a Faculdade de Direito da USP é secularmente um reduto desse brilhantismo. Mas isso vale pouco se os juristas não se reveem nem reveem criticamente as instituições, aí incluídas as instituições jurídicas, no seu anômico divórcio em relação ao Brasil da margem.

Brasil, país de investimentos

O presidente da República, em discurso no VII Fórum de Governadores do Nordeste, na véspera do Primeiro de Maio, comentou a atribuição de grau de investimento ao Brasil pela Standard & Poor's (S&P), empresa internacional de assessoria de investidores. Os títulos brasileiros saem da chamada maldição de país não recomendado para investimentos e passam a ser recomendados no nível mais prudente de recomendação. Um salto positivo, sem dúvida, essa espécie de aval não formal ao estado de receptividade da economia brasileira ao eventual interesse dos que têm dinheiro para aplicar.

Difícil explicar o que isso significa aos milhões de brasileiros que não investem na Bolsa, nunca compraram uma ação e, provavelmente, nunca comprarão. Mas Lula, com sua proverbial e reconhecida facilidade para explicar o inexplicável, explicou que essa reclassificação da recomendação dos títulos brasileiros à confiança dos investidores das Bolsas se deve à sua sorte pessoal. Não fosse ele o presidente da República, continuaríamos chafurdando na areia movediça da falta de credibilidade: "E quis Deus que fosse exatamente neste momento que o presidente de sorte assumisse a presidência da República. E Deus queira que nunca mais o Brasil eleja um governante que não tenha sorte". Como ele é o único que tem tido sorte, estamos diante de um mau presságio, o do terceiro mandato.

Porém, a S&P, que assessora investidores internacionais de trilhões de dólares, não se pauta por critérios do jogo do bicho. Muito ao contrário. Tenta reduzir o azar e a fortuna de países como o nosso a variáveis racionalmente calculáveis para dizer a seus clientes se vale a pena ou não correr risco financeiro com a economia brasileira. Neste momento, diz que sim, que vale a pena. Mas apresentou, também, uma lista de ressalvas que apontam para o risco de que a situação atual mude e que, mais adiante, tenha que dar o dito pelo não dito se a pequena probabilidade de reversão do cenário sugerir que é melhor mudar o endereço das aplicações.

A autoindulgente pedagogia mística de Lula já teve o antecipado questionamento da própria S&P, que deu aos investidores mais sensatas explicações. A mudança de classificação do Brasil nas avaliações da empresa se justifica por "um histórico de continuidade política, em meio a transições de poder, sob um regime de metas inflacionárias e de câmbio flutuante [...]". Ou seja, as mudanças econômicas implantadas com o Plano Real e confirmadas no governo de Fernando Henrique Cardoso. "A manutenção de uma abordagem macroeconômica consistente [...], depois da transição política de 2002-3, vem servindo como apoio essencial às classificações soberanas do Brasil." E conclui o documento da empresa: "Essa promoção reflete o amadurecimento das instituições e da estrutura política brasileira".

Portanto, não foi a sorte de Lula que assegurou a continuidade da política econômica, mas o azar e a fragilidade do Partido dos Trabalhadores, que não viu acolhidas pelo governo as demandas e pressões de sua militância no sentido de dar o calote na dívida externa e de reestatizar as empresas privatizadas no governo anterior. Toda a sorte de Lula esbarra nos acordos políticos que sustentam seu governo e que dependem de clientelismo e populismo e, portanto, de muito dinheiro público. As previsões da empresa, aliás, incluem, justamente, avaliações negativas que afetam sua avaliação de conjunto, como a de que a dívida líquida geral do governo equivalia a 47% do Produto Interno Bruto no final de 2007, uma das maiores fraquezas do Brasil.

Essa onda de suposta bondade da economia não tem se refletido em outros âmbitos da realidade social. Se há um incremento no número de empregos formais, com carteira assinada, há também um declínio no salário médio dos trabalhadores com registro. Não é necessariamente boa a notícia de que menos de uma centena de empresas brasileiras tem, nos últimos meses, mediante negociação, reposto o salário deteriorado pela inflação nos últimos anos. Isso não é melhora salarial, e sim recuperação do que fora perdido anteriormente.

A notícia, difundida há poucos meses, de que 20 milhões de brasileiros ingressaram na classe c, oriundos das classes sociais D e E, mais baixas, à primeira vista sugere que estamos em face de um franco processo de ascensão social dos pobres. De fato, quase 13 milhões de pessoas mudaram de categoria socioeconômica num prazo curto. Mas, se levarmos em conta que um acréscimo de apenas R$ 10 por mês nos rendimentos de cada pessoa seria suficiente para possibilitar essa mudança e que o Bolsa Família está atendendo 11 milhões de famílias com donativos financeiros para complementação de renda, não temos como considerar esse número um êxito de política social.

Por outro lado, dos 20 milhões de novos membros da classe c, 4,7 milhões de pessoas são originárias das classes A e B que caíram de condição social. Estamos, pois, em face de um brutal processo de descenso. No conjunto, entre os poucos reais da reclassificação social dos que subiram na vida, em parte por subsídio do governo, e não por melhora na distribuição de renda, e o número dos que não tiveram condições de manter a renda e o padrão de vida, o cenário é de afluência econômica com incremento de pobreza.

Os dados sociais negativos se confirmam quando agências internacionais constatam e difundem a má qualidade da educação brasileira, a falta de conhecimento para manejar o básico da Matemática ou para compreender o mínimo do Português. No fundo, mesmo, o governo optou por políticas de crescimento econômico que dão visibilidade à cornucópia brasileira, mas não dão visibilidade ao preço que por ela se paga. Essa contradição sugere que estamos caminhando para um modelo de economia dualista, como a da China, da Índia, de Cuba, em que a sociedade se divide em duas humanidades, a dos que trabalham e a dos que desfrutam. Essa é a realidade do crescimento econômico sem desenvolvimento econômico e social.

A classe média e conformada

Se a notícia de que o aumento do número de brasileiros que podem ser definidos como de classe média traz algum conforto ideológico, a realidade cotidiana ainda não nos traz nenhum conforto visual. Continuam ardendo nos olhos de todos nós os cortiços e as favelas, as crianças de rua, as evidências de uma numerosa humanidade sem futuro. Tanto os dados do Instituto de Pesquisa Econômica Aplicada (Ipea) quanto os da Fundação Getúlio Vargas (FGV), divulgados nestes dias, sobre a expansão da classe média, nos põem diante da persistência de indicações de que um número imensamente maior dos beneficiários da ascensão social aparente permanece na fila de espera das próprias regiões metropolitanas, que são a referência desses dados. Sem contar os ocultos e invisíveis, refugiados no restante do Brasil, os estatisticamente mal-amados.

Há, sem dúvida, certo jogo do contente na eufórica proclamação dessas verificações numéricas. Longe do que supõem os ideólogos do conhecimento quantitativo, mesmo os números, aparentemente precisos e até exatos, podem ser compreendidos nas suas tensões internas se situados no quadro ideológico que os motiva e justifica, o da história contemporânea das mentalidades. É aí que está a principal revelação dos dois relatórios agora difundidos por fontes diferentes e até opostas. Até o advento do governo Lula e a ascensão política do PT, os números serviam para satanizar o chamado neoliberalismo econômico. Era o tempo em que se falava em 50 milhões de pobres no Brasil, em 16 milhões de famélicos, justificativa para malabarismos de políticas sociais contra a pobreza e a fome que marcariam os primeiros tempos do novo governo. Depois disso, apesar da persistência do chamado neoliberalismo, a chave de interpretação de todos os números relativos ao Brasil começou a ser mudada para, com a mesma realidade e as mesmas tendências, dizer o contrário do que até então se dissera.

Não há dúvida de que se deve receber com ânimo a informação de que o número dos estatisticamente pobres se reduziu em três milhões entre 2003 e 2008. Esses três milhões, que correspondem ao que o Ipea chama de "classe média emergente", não se defrontam propriamente com afortunado futuro. É que os definidos como ricos (boa parte dos quais é de fato apenas alta classe média) mantiveram-se na proporção de 1% da população dessas regiões. Portanto, o que as fontes indicam é o aprisionamento dessa "classe média" numa faixa de rendimentos que, se conforta, não redime. Até porque o Ipea demonstra que os ganhos de produtividade do trabalho estão crescentemente acima dos ganhos propriamente salariais. Ou seja, progressiva redução do salário em relação aos ganhos possibilitados pelo trabalho. Provavelmente, um peneiramento tecnológico da mão de obra, que anula o futuro da imensa massa humana cuja qualificação profissional já não lhe dá condições de buscar um lugar não só na "classe média emergente", mas sobretudo na estrutura produtiva emergente. O que aí se vê é expressão de uma circulação de gerações, com a renovação etária na economia. Mudança que é, sobretudo, resultado de incremento nos índices de escolarização no longo prazo, e não apenas de indicadores de crescimento econômico no curto prazo e nos limites cronológicos de um governo.

O documento da FGV, com outra orientação teórica, menos preocupado com quem sai da pobreza e mais preocupado com quem entra na classe média, confirma essa mesma mobilidade estatística. Mas ambas as análises se enredam nas limitações interpretativas de sua concepção do que é classe média. Ambas tratam do estrato econômico médio, e não propriamente de classe média, conceito muito mais abrangente e teoricamente muito mais complexo. Essa simplificação empobrece a compreensão das mudanças que estão ocorrendo. As classes têm referências profundas de situação social, de mentalidade, de comportamento e de aspirações sociais e políticas. No estrato social médio até entra aquela parcela da classe operária a que pertencem a elite sindical e os operários qualificados, os bem remunerados e os bem-postos que, não obstante, vivem num mundo muito diverso do mundo propriamente da classe média. Essa é a classe social dos tecnicamente improdutivos ou só indiretamente produtivos, os de referência vacilante na conduta política e nas aspirações sociais, aqueles cuja orientação ideológica está mais voltada para o modo de vida dos ricos do que para o dos que se devotam ao trabalho propriamente produtivo.

A "nova classe média" dessas análises se nega na mera consideração de que sua população é constituída pela contribuição econômica à formação da renda doméstica dos que têm de 15 a 60 anos. Esta é uma sociedade em que o tempo da maturidade para o ingresso no mercado de trabalho tende a demorar cada vez mais. Portanto, tende a retardar o tempo da chegada à estabilidade própria da classe média, que é a da constituição da família depois do emprego. Ora, considerar pessoas de, pelo menos, 15 a 21 anos de idade como contribuintes da renda domiciliar é a primeira e fundamental indicação de que não se trata de classe média. Trata-se de uma categoria social cujas possibilidades econômicas ainda dependem da exploração das novas gerações e dos imaturos e, portanto, do comprometimento da possibilidade de sua ascensão, que é uma das marcas próprias da classe média.

A proclamação do triunfo estatístico da classe média é antes a indicação de uma mudança de orientação ideológica na era do petismo. É documento menos de uma classe média emergente ou nova e muito mais documento do novo conformismo social e político, subjacente não raro a uma mentalidade e a uma linguagem pseudorradical e pseudossocial. O deslocamento do ânimo social da situação propriamente de classe média para a referência de um estrato médio, que é mera construção estatística, nos fala da ampliação das condições materiais de um novo conformismo social. Tudo indica que chegamos ao fim da era das demandas radicais e socialmente transformadoras.

A derrota por trás da vitória

Num país em que os grandes partidos têm sua identidade anulada por um número excessivo de pequenos partidos sem perfil ideológico e sem projeto político, os resultados de eleições como os da eleição municipal recente, no geral, são enganadores mesmo quando não são surpreendentes. Desde que o clientelismo cedeu lugar ao populismo na política brasileira, nosso processo político é dominado por grandes eleitores invisíveis, como é o caso de nossa cultura comunitária, e partidos ocultos, como é o caso das alianças de ocasião.

O Brasil é um país em que o partidário e o propriamente político nem sempre caminham juntos. Esse desencontro manifestou-se nestas eleições. Nessa perspectiva, é possível ver na expansão municipal do PT não a vitória do partido, mas sua derrota. Nas pequenas localidades de regiões pobres, fracassou o PT da luta em favor do PT do poder e do neoclientelismo do Bolsa Família.

Não é estranho que o petismo venha sendo engolido pelo lulismo, como não serão estranhos os efeitos a médio prazo dessa metamorfose que faz de um partido de esquerda um partido populista. A prática do PT no poder não o confirmou como partido de esquerda, e suas estratégias políticas o mergulham numa cultura de desgaste e perda de identidade. O PT já não é um partido alternativo, como se propunha o PT dos primeiros tempos, simplesmente porque não pode ser alternativo a si mesmo.

Além disso, o carisma de Lula, que não é necessariamente medido pelos 80% de sua popularidade, começa a encontrar seu limite. O pessoal e direto envolvimento do presidente Luiz Inácio nas campanhas eleitorais dos candidatos petistas, em São Paulo e no ABC de seu domicílio e de sua origem política, não refletiu esse carisma. Não só porque carisma é intransferível, mas também porque no caso de Lula, excetuadas as regiões remotas do país, é ele considerado pessoa para se admirar, mas não necessariamente político para se obedecer e seguir. Lula pode, até mesmo, estar tirando votos dos candidatos de seu partido. Isso, provavelmente, aconteceu tanto em São Paulo quanto no ABC.

Nesse cenário, a derrota do PT é acachapante. Em São Bernardo, lançou como candidato a prefeito um ex-ministro apoiado pelo maior cabo eleitoral do país, o presidente da República. Ali, Lula e o PT, sem o pretenderem, transformaram a eleição municipal num plebiscito para julgar o governo da República. Ao não vencerem a eleição no primeiro turno, perderam muito mais do que uma eleição municipal. O mesmo vale para São Paulo, em que o PT entrou com o suposto capital social de uma candidata que é ex-prefeita e ex-ministra e também teve como cabo eleitoral o próprio Luiz Inácio. A derrota foi imensa, sobretudo porque aqui o maior eleitor de São Paulo, que é o governador José Serra, não se envolveu diretamente na campanha nem do candidato de seu partido nem do candidato da aliança política em que se apoia.

O que se agrava com a insistência na retórica de que a candidata do PT é de esquerda e representa os pobres e de que o candidato do DEM é de direita e representa os ricos. O que não tem apoio no patrimônio declarado da candidata petista, de mais de 10 milhões de reais, o dobro do patrimônio do candidato do DEM. O PT, em São Paulo, tornou-se prisioneiro e vítima de um periferismo antipolítico. Isso vem desde a administração de Luiza Erundina. Duas prefeitas que foram prefeitas da periferia e em nenhum momento tiveram clareza sobre a complexidade política do que vem a ser o urbano, a cidade e a metrópole. O PT revelou que não tem um projeto de revolução urbana, que transforme profundamente as condições de vida da população da metrópole. No lado oposto, desde que José Serra assumiu a prefeitura e desde que Kassab o substituiu, ficou evidente que o PSDB tem um projeto nesse sentido, ainda que tímido, numa concepção moderna e culta de metrópole.

Enquanto os votos de Kassab predominam no núcleo interior do município, os votos de Marta se distribuem num círculo ao redor desse núcleo. Há uma dinâmica nessa espacialidade eleitoral que se revela no fato de que Kassab ganhou eleitores onde Marta teve maior votação há quatro anos. E Marta não cresce onde Kassab se firma. O que tem sentido na perspectiva social-democrática, à qual o DEM aderiu na conjuntura de um pacto político que regeu sua vitória no primeiro turno.

O grande problema do PSDB, porém, é que o partido não se proponha aberta e pedagogicamente como partido da social-democracia. Num momento em que o PT já não tem condições de dizer publicamente que é um partido socialista, essa timidez do PSDB diminui o impacto que poderia ter na política brasileira. Na mesma linha de raciocínio, eu diria que o PSDB subestima, e mesmo desconhece, um dos grandes eleitores da política brasileira, que é a cultura comunitária de extensa parcela da população votante. O PT se apoderou desse comunitarismo sem entendê-lo e o interpretou como lealdade cega e obediente, coisa que ele não é, menos ainda em face de candidatos ricos que se passam por pobres. O PSDB aliado com o DEM, no caso de São Paulo, também sem entender exatamente o que é esse comunitarismo, empenhou-se, no entanto, justamente, em governar em nome de valores comunitários, em gestos concretos de amor à cidade, em medidas civilizadas, como a entrega domiciliar, regularmente, de medicamentos para os que deles necessitam, na continuidade de obras como os CEUS em nome do bem comum, porque governar é continuar o que é bom e inovar em relação ao que não o é.

No conjunto, os resultados das eleições passaram longe da concepção de que no Brasil de hoje são elas reguladas pela retórica da luta de classes e dos antagonismos sociais. Ao contrário, tanto onde o PT foi vitorioso quanto onde foi derrotado, o eleitorado mostrou-se conservador no voto e, em casos como o de São Paulo, conciliatoriamente moderno nas aspirações. Os eleitores recusaram a concepção depreciativa e anticomunitária de que política é o bate-boca de porta de botequim.

O ano novo do brasileiro

Entre o Natal e o Ano-Novo, abre-se entre nós um tempo intermediário e ritual, que é o tempo do esquecimento. Isso é próprio da sociedade brasileira e de sua cultura popular. De repente, o pessimismo cotidiano é colocado entre parênteses. Momentaneamente esquecidos, afundamos em otimistas prognósticos sempre que um novo ano se aproxima. Esquecemos que 2008 teve pouco a ver com o feliz 2008 vislumbrado na última semana de 2007. Nosso conformismo ritual nos faz aguentar os altos e baixos da história, o doloroso percurso de uma sociedade construída em cima dos alicerces da escravidão, da injustiça e da vítima, da desigualdade profunda, da miséria e até da fome, recompensados ilusoriamente com o espetáculo da prosperidade de proporcionalmente poucos como se fosse ela a promessa de superação da pobreza de muitos.

Nossa concepção de esperança é a da espera, o que faz com que o ano novo não tenha, para nós, propriamente a mera duração dos 365 dias. Quando nos perguntam como vemos o novo ano, nosso ano de referência é a do longínquo e milenário fim dos tempos, do paciente adiamento da justiça, da alegria e da fartura.

É nesse horizonte da distância temporal que se pode compreender os problemas do que se propõe no calendário do ano que começa. Alguns temas já se desenham na agenda do próximo ano. A crise econômica, em primeiro lugar. Crise que não se reflete na nossa economia com as mesmas características que tem nos centros dominantes da economia global. Estamos no polo invertido do sistema econômico, e não nos seus centros de decisão e manobras. Nossa economia faz parte do elenco das economias defensivas. Não somos nesse sistema uma economia de decisão. Além do quê, a crise chegou aqui muito antes, na disseminação dos efeitos antecipados dos desastres da economia de especulação. A pobreza de milhões de brasileiros, a má distribuição de renda, a incrível dificuldade para atenuar e superar graves problemas sociais decorrentes da desigualdade, o impacto negativo da política fiscal extorsiva na classe média são a parte que nos toca nessa economia confinada no defensivo.

Um segundo tema da agenda será, sem dúvida, a definição do contexto das eleições de 2010, em particular a eleição do presidente da República. O PT chegou ao poder largamente beneficiado pelo descompasso entre o político e o econômico, característica crônica da sociedade brasileira. Luiz Inácio se elegeu quando ainda era apenas o início da conjuntura do esvaziamento das possibilidades de reivindicação salarial e de direitos sociais, que marcaram a sua irresistível ascensão, a do PT e a das centrais sindicais, que no devido tempo tiveram grande poder de pressão e sensibilização. Aquele momento singular, remanescente do chamado "milagre brasileiro" da ditadura, gerara novas lideranças, criara as condições de surgimento de um novo sindicalismo e produzira a figura carismática de Lula. Depois disso, as greves já não produziram os resultados de antes, o temor ao desemprego ocupou nas emoções dos trabalhadores a euforia de um sentimento de poder. Mas Lula e o PT já estavam no poder. Ter emprego passou a ser mais importante do que exigir e reivindicar. O eixo dos valores de referência da cultura operária mudou para um centro conservador e prudente.

A perda dessa referência cultural se manifesta na larga proporção de apoio a Luiz Inácio e seu governo nas pesquisas de opinião das últimas semanas. Essa apreciação favorável, que no Nordeste pode ultrapassar 90% das opiniões, não é propriamente opção eleitoral e política. É antes opinião do cidadão desalentado, que teme a mudança que desejara.

Isso aconteceu também no pior e mais repressivo momento da ditadura militar, 70% da população satisfeita com o regime, num conformismo suspeito que acabaria explodindo no crescimento eleitoral do então partido de oposição, o MDB.

A incerteza política em relação aos próximos dois anos tem muito a ver com o fato de que o cenário e a cultura que engendraram Lula e o PT já não existem. Ao mesmo tempo, não está claro ainda qual o cenário novo que emerge da circunstância do desgaste desse cenário histórico. Desgaste agravado pelo amplo recuo do PT e de Lula em relação ao seu ideário de origem, pela pobreza das reformas anunciadas; os filhos do misticismo social dos anos 1970 e 1980 aparentemente conformados com o esvaziamento e a anulação de suas bandeiras. Um novo cenário político está nascendo, e não é um cenário de confrontos e radicalizações. É um cenário brando que chamará ao mandato quem tiver clareza quanto à carência de reforma nas reformas pós-ditatoriais.

Nesse novo cenário, os para Lula decisivos movimentos sociais chegam esvaziados, convertidos em instituições subsidiárias do poder e do Estado, agentes de um novo peleguismo na mediação entre as demandas sociais e o governo e na teatral oposição à política social governista. Se a luta pela terra teve uma função decisiva na criação de uma emoção política culpada na classe média e nas elites, tudo parece indicar que no novo cenário a questão urbana, a urbanização patológica, o desemprego e o subemprego e a qualidade de vida serão os fatores do desenho do novo panorama político em que se moverão partidos e candidatos.

No entanto, nossa concepção do tempo social e histórico tende a ser diversa da que preside a reação das sociedades prósperas às adversidades econômicas e às questões sociais. Lá, o tempo das decisões políticas está muito colado no cotidiano e seu ritmo peculiar. Aqui, o tempo histórico que preside nossas decisões individuais e coletivas ainda é predominantemente o tempo do nosso milenarismo. Nele o futuro é concebido na perspectiva de um passado mítico, que torna as nossas mais renovadoras esperanças meras revisões nostálgicas e conservadoras do presente. Por isso, nossa esperança é uma espera. Suportamos as adversidades protelando a mudança e a decisão de mudar. Porque é o que está lá atrás que nos move, e não o possível de um atual aberto para o futuro.

Banalização do sagrado e da política

Dom Hélder Câmara, antecessor de dom José Cardoso no arcebispado de Olinda e Recife e de orientação pastoral radicalmente oposta à de seu sucessor, costumava distinguir entre primeira violência e segunda violência. A legitimidade da segunda violência decorre de sua inevitabilidade em face das consequências destrutivas da primeira. A vítima inocente e indefesa da primeira violência é uma vítima sem alternativa, sem condições de escapar à causação que decorre de uma violência sofrida previamente e sem possibilidade moral e até religiosa de não reagir, autodefensivamente, contra aquilo que a degrada, minimiza e machuca. Se a primeira violência desorganiza e destrói socialmente, a segunda violência procura restaurar o que foi dilacerado.

Inspirados nessas ideias, setores da Igreja Católica têm sido solidários com as vítimas das muitas iniquidades e perversidades que, como a que aconteceu agora em Pernambuco, são marcas atuais da sociedade brasileira. Não só solidários, mas também ativos participantes de ações próprias da segunda violência. Bastaria lembrar da Pastoral Indígena e da Pastoral da Terra que, mesmo com suas confusas oscilações e vacilações, têm se engajado ativamente nas lutas sociais e partidárias, que muitos consideram violência. Não só em reação à vitimação dos desvalidos, mas até mesmo na construção de um projeto político para eles, o que extrapola o princípio da segunda violência. Eu lembraria do não menos confuso e difuso MST, nascido no interior da Pastoral da Terra e que tem tido apoio da Igreja.

Não foi apenas a questão do aborto protetivo, em defesa da saúde da menina violentada e engravidada pelo padrasto, que nestes dias trouxe a Igreja para uma pauta de discussão pública compreensível, mas problemática. Sobretudo na notória anomalia de excomungar a mãe da menina e os médicos e poupar o estuprador, que estuprou também a irmã da menina. Estupro, aliás, agravado no plano propriamente religioso porque simbolicamente incestuoso, praticado pelo pai putativo das crianças.

No outro extremo do cenário, o convite por encomenda para que a candidata de Lula à presidência da República, Dilma Rousseff, comparecesse à missa no Santuário do Terço Bizantino, em São Paulo, foi outro destaque problemático para a Igreja. Do lugar da celebração, que a mídia chamou de palco e que seria o presbitério, ao lado da imagem de uma santa, Dilma dirigiu ao público acenos de positivo, com o polegar levantado, como se estivesse num palanque. A visitante foi apresentada como presença ilustre na celebração.

Ora, ilustre numa missa é Nosso Senhor e ninguém mais, nem mesmo o celebrante. O altar é histórica e tradicionalmente o lugar da celebração do sacrifício de Cristo. Nem o sacerdote ali se exibe, já que o que entra no recinto sagrado é o seu carisma, por ele personificado, distinguido de sua pessoa física pelos atos preparatórios e rituais de sua purificação. O espaço da celebração católica, como o de outras religiões, é o espaço do sagrado, espaço hierarquizado. Mais sagrado, no templo, é o presbitério, e no presbitério, o sacrário, que é o sagrado do sagrado, porque lugar da eucaristia. A demarcação do território do rito, a ordenação sacerdotal do padre e os ritos envolvidos na celebração têm por objetivo, justamente, manter o recinto e os objetos sagrados longe de mãos e presenças impuras, destituídas do carisma do sacerdócio. Mesmo nas Igrejas Protestantes, a relação com o sagrado é uma relação mediada.

O círculo problemático se fecha com o conteúdo preocupante da entrevista que deu a Roldão Arruda o frei Betto, ex-assessor especial do presidente Lula. Ele foi coordenador da área de Mobilização Social do Programa Fome Zero e o principal instaurador e articulador da rede de agentes que é hoje a base de intermediação entre o governo e os 11 milhões de famílias e de eleitores beneficiados pelas doações governamentais. Preocupante porque confirma a denúncia do senador Jarbas Vasconcelos de que o Bolsa Família é o maior programa de compra de votos do mundo. O frade dominicano entende que o Bolsa Família representa o encolhimento do Fome Zero e sua redução à mera condição de instrumento eleitoral de um projeto de poder do PT e de Lula.

Na verdade, sua saída do governo pode ser vista de outro modo: o descarte da Igreja Católica pelo PT e pelo governo Lula. O primeiro episódio foi logo no início do primeiro mandato, quando o indicado pela Pastoral da Terra para a presidência do Instituto Nacional de Colonização e Reforma Agrária (Incra), mandatário de uma reforma agrária mais agressiva, foi demitido e substituído por alguém mais identificado com o pacto de conciliação do governo com o grande capital e a grande propriedade. O segundo episódio foi, justamente, o da saída do governo de frei Betto e seu principal auxiliar, Ivo Poletto, originário da Cáritas, da CNBB, e um dos fundadores da CPT e do MST. O terceiro episódio ocorre agora, com as medidas e articulações que o governo Lula está fazendo para enquadrar ou mesmo descartar o MST e sua reforma agrária radical e paralela.

Não obstante esse notório rompimento entre o governo e setores partidarizados da Igreja, o "evento" a que compareceu a ministra Dilma em São Paulo indica que uma Igreja populista se mantém firme na mescla de religião com partido político. Por outro lado, em sua entrevista, o ilustre frade fez esta declaração esclarecedora: "Caso mude o governo – e queira Deus que não volte às mãos da oposição [...]", que representa a impugnação petista da concepção republicana da rotatividade de partidos no governo. Fica, então, muito claro, que o governo Lula repousa sobre um tripé estratégico: política econômica neoliberal, política social assistencialista e corporativismo político. Algo bem distante do que pensam e querem os setores mais petistas da Igreja e, certamente, muito distante do que precisa a democracia brasileira. Por trás da diversidade de acontecimentos desse cenário social e político, temos a banalização do sagrado e a banalização da política.

O imaginário oculto e 2010

A proximidade de eleições presidenciais, ao longo da nossa história republicana, tem muitas vezes se anunciado pela mobilização silenciosa e interior de um imaginário que decide antes de as decisões propriamente políticas serem tomadas. Antes mesmo da existência de candidatos oficiais, o que afeta a pauta das interpretações e decisões do eleitorado. E afeta, muitas vezes, até mesmo o modo como o desenrolar do governo é, depois, examinado e avaliado pelos eleitores. Uma imensa condescendência em relação a governos como os de Getúlio, de JK e de Lula representa a eficácia de um imaginário cúmplice que anestesia a consciência política do povo e abre créditos ilimitados de governança aos eleitos. Algumas vezes, essa aura extraeleitoral decorreu de rupturas na rotina do poder, como na proclamação da República, na Revolução de 1930 e na eleição indireta de Tancredo Neves. Collor foi impedido porque já estava condenado de antemão, eleito pelo anômalo voto dos que eram contra Lula e o PT, e não necessariamente a favor do eleito.

É como se o povo que vota tivesse um oculto estoque de sentimentos de fundo propriamente político, um silencioso imaginário regulador do comportamento, a que recorre à medida que o processo eleitoral se aproxima ou que o mandato começa a ser cumprido. Deposto pelo Exército em 1945, no mesmo dia Getúlio Vargas já estava reeleito por esse difuso sentimento popular para voltar ao poder em 1951.

Os que queriam o retorno da democracia, em 1985, foram derrotados, no Congresso Nacional, na recusa das eleições diretas para a presidência, mas, sentimentalmente, já haviam eleito Tancredo Neves, tanto na campanha das diretas como no que se viu nos sentimentos expressos em seu funeral. Um morto governou o governo de Sarney.

A República foi proclamada pelo Exército menos contra a Monarquia do que contra o republicanismo civil do Partido Republicano fundado em São Paulo, em 1873. Em grande parte, com base no sentimento generalizado de que o imperador estava no fim e que governara em boa parte apoiado no seu carisma pessoal. Não só o do herdeiro da Monarquia, mas, também, o do menino duplamente órfão, deixado pelo pai aos cuidados da nação, que a serviço dela crescera e envelhecera.

A deposição e a morte do imperador foi, para muitos, a morte do antigo regime. O tumultuado acolhimento da República, que nascia como ditadura, se deu apoiado no difuso sentimento de que a modernização política, e os passos na direção da igualdade que ela anunciava, representava um avanço da civilização. O jornal *A Província de S. Paulo* mudou de nome para *O Estado de S. Paulo* e anunciou em destaque o novo regime como episódio brasileiro da Revolução Francesa. Isso também estava na cabeça dos militares do Exército. Pouco depois, na Guerra de Canudos, chamavam-se entre si de cidadãos, designação seguida da respectiva patente militar, como ocorrera no início do regime inaugurado com a queda da Bastilha. Um civil imaginário governava os militares.

As inovações políticas do Brasil republicano parecem mais governadas pelas rupturas inesperadas ou pelas inevitáveis do que por decisões efetivamente políticas e democráticas. Fora disso, é a prevalência do repetitivo e das permanências. É sob as quietas cinzas que as brasas do imaginário político mantêm acesa a trama do poder e demarcam diretrizes e orientações inconscientes, que se traduzirão em votos ou em movimentos sociais e políticos. As inovações já estão inventadas no que permanece e dura.

O golpe militar de 1964 reorientou esse imaginário, e suas orientações nos arrastam até hoje, bloqueando-nos à ousadia. À medida que declinava o getulismo, o país se dividia entre capitalismo e socialismo. Mas a pregação socialista se perdia na fragmentação e diversificação das esquerdas, fragmentação que se apossou do debate, deixando o futuro do país de lado, anulando o tema essencial da política. A pregação capitalista não foi melhor. Também ela se rompeu no dilema em boa parte falso entre imperialismo e nacionalismo. Os 20 anos de ditadura serviram para que as esquerdas se fragmentassem ainda mais e ainda mais se iludissem quanto às possibilidades de um socialismo descolado das determinações históricas da sociedade brasileira. O discurso postiço se arrasta ainda em várias bocas, de vários grupos, que dão continuidade a um cenário em que a fala está separada do pensamento, e o pensamento está separado da práxis.

Com o golpe de 1964, a temporalidade brasileira foi cindida. De um lado, o tempo do progresso material se firmou e ganhou decisiva importância através da expansão das fronteiras internas e da urbanização, sobretudo na Amazônia. Reduziu o tempo da política ao tempo do progresso espacial e material e mutilou o nosso capitalismo, tornando-o territorial e rentista. De outro lado, o tempo da revolução social, o tempo histórico propriamente dito, ficou confinado em cenários de misticismo, desenraizamento e fragmentação das convicções políticas.

Esse tempo residual foi assumido pelo PT, que conseguiu reaglutiná-lo numa concepção milenarista e messiânica de futuro. Nesse clima, Lula foi eleito e reeleito. Mas o milenarismo de Lula e o do PT propuseram o governo petista como um governo do fim dos tempos, do fim da história, o último governo, como o de Carlos V, o último imperador. O governo Lula realizaria todas as possibilidades da história, não restando história alguma a ser feita e, portanto, anulando o sentido da política e dos partidos.

A próxima eleição presidencial será pautada por esse aniquilamento da história e do futuro, pelo primado pós-moderno de um presente eterno, em conflito com a esperança do imaginário brasileiro. A candidatura de Dilma nasce cauterizada por essa anulação. Resta saber se o PSDB tem alguma compreensão disso e quanto Serra tem condições de situar-se e propor-se como o homem que restituirá a historicidade à política brasileira e poderá repropor a esperança como o principal item da agenda política do país.

A mutilação do Estado brasileiro

O discurso que o senador Jarbas Vasconcelos fez essa semana no Senado pode soar como o réquiem da Nova República, aquela assim batizada por Tancredo Neves. República que nasceu mutilada porque filha de desvios históricos que se confirmaram numa composição política inevitável, mas traiçoeira, justamente com forças que deram sustentação política ao regime autoritário. A massa do povo brasileiro, que nas ruas pleiteou o restabelecimento de eleições diretas para a presidência da República, não foi suficiente nem convincente para que o Congresso Nacional fizesse a reforma democrática e decisiva. Na recusa das diretas, falou a perversa e oculta alma que há no Parlamento, a dos políticos que representam um Brasil que teimamos em ignorar, em que o povo vota em José e elege João, como lembrou o senador.

Os muitos políticos que representam o Brasil civilizado, o Brasil que anseia por liberdade, justiça, igualdade social e política, tiveram que contornar a fortaleza do atraso político e jogar o jogo da transição para a democracia no terreno dos que são dela inimigos crônicos. Para fazer esse jogo, tiveram que se compor com os cúmplices do regime de exceção que, percebendo a mudança inevitável, acharam prudente mudar de lado sem se render. Sem eles a transição tardaria. São os mesmos que estão no cenário das denúncias corajosas do senador pernambucano. Falou-se que, aqui, a composição política era o nosso Pacto de Moncloa. Não era. Na Espanha, tratava-se de superar as profundas rupturas de uma guerra civil e de uma ditadura. Aqui se tratava de adesismo e fisiologismo.

Tanto em sua entrevista à revista *Veja* quanto em seu discurso no Senado, no dia 3 de março, o senador Jarbas Vasconcelos retornou a essa característica enferma da política brasileira, quando disse: "O exercício da política não pode ser transformado em um balcão de negócios". E quando agregou, mais adiante: "O Parlamento não pode continuar sendo um mero atravessador de verbas públicas, com emendas liberadas às vésperas das votações que interessam ao governo". Uma desfiguração da política com a introdução do negocismo como pressuposto lógico das relações políticas.

A Constituinte, que teve condições de pôr fim à duplicidade do Estado brasileiro, híbrido na combinação de dominação patrimonial e dominação racional-legal, na definição de Max Weber, não compreendeu nem problematizou essas contradições, nem atuou no sentido de superá-las. Houve, sem dúvida, aquelas figuras exemplares da civilização política gestada no combate à ditadura militar que se empenharam no sentido de modernizar a estrutura do Estado, a forma de atuação política e a própria concepção de representação política. Mas a suposição de um Pacto de Moncloa à brasileira acabou se tornando um pacto de intocabilidade com os agentes da cultura do parasitismo político e do escambo a que o senador, no fundo, se refere. As oposições à ditadura equivocaram-se ao suporem-se esquerda e erraram os que nelas desdenharam o fisiologismo e imaginaram que imporiam sua hegemonia politicamente purificadora no bloco democrático.

A facção petista esmerou-se nos enganos do voluntarismo político, desdenhando a força dos ex-aliados da ditadura, agora infiltrados nas novas forças de renovação política do país, o que ficou claro nas críticas e nos questionamentos que fez à estratégia do PSDB, na sua aliança com o atual DEM, para viabilizar a conquista do governo e as inovações que propunha. O PT chamou a isso de direita, que não era, e proclamou-se de esquerda, o que tampouco tem sido. No poder, o PT rendeu-se a alianças com todos os que verbalmente combatera, muito mais à direita do que fora a opção do PSDB. Tornou-se, por isso, refém dos partidos fisiológicos, envolveu-se em escândalos, sucumbiu às imensas limitações de tratos políticos redutivos da competência para governar, converteu-se num governo residual do poder expandido dos setores arcaicos da política brasileira. O senador Jarbas Vasconcelos, ao definir o governo Lula como governo medíocre, cuja mediocridade contamina vários setores do país, sumarizou o drama que nos alcança e cuja continuidade nos ameaça. Observou, com razão, que "o Bolsa Família é o maior programa oficial de compra de votos do mundo", o que sugere o governo como agente ativo de reoligarquização do Brasil.

O termo "corrupção" designa apenas um componente dessa desfiguração na nossa representação política e se limita ao que é ilegal. Deixa de lado o que é legal, mas que é também corrupção, já que abrange práticas relativas ao âmbito da moral. Tampouco parece correta a suposição de que estamos num processo de decadência política. Estamos, na verdade, em face de uma congênita estrutura deformada do Estado. A crueza de seus antagonismos anteriores e de suas incongruências nunca é colocada diante dos olhos e da consciência dos eleitores para que decidam se querem viver sob o jugo da política de cabresto ou sob o primado da democracia representativa. Essa é, na verdade, uma luta inglória.

A substância doentia do que o senador Jarbas Vasconcelos denunciou manifestou-se em vários episódios no correr destes dias. Na apoteose ao funcionário demitido do Senado por não ter declarado ao fisco residência milionária, louvado como se fosse um herói do Parlamento; na transferência clientelística de verbas do governo para o MST por vias transversas; na querela do Fundo de Previdência Real Grandeza; na derrota da muitas vezes intolerante senadora Ideli Salvatti na indicação para uma comissão do Senado pelo mesmo grupo que é alvo da entrevista e do discurso do senador pernambucano; e, no fim, no afastamento de Jarbas Vasconcelos da Comissão de Constituição e Justiça como vingança por suas posições pela retidão no Legislativo. Esse cenário sugere que as oposições, nas próximas eleições, mais do que colher votos e um mandato, colham o clamor de uma revolução política que nos devolva o amor-próprio há muito banalizado pelo triunfo das nulidades.

Paixão e razão na política brasileira

As pesquisas de opinião, divulgadas nos últimos dias, avaliando governos ou quantificando tendências eleitorais, confirmam o quadro de imobilismo político que demarca um cenário pobre para o eleitorado em 2010. A alta aprovação de Lula não confirma propriamente o êxito de seu governo. É que o eleitorado não tem dele nenhum feito espetacular, desde que chegou ao poder, que justifique a expressiva aprovação. Pesquisa de opinião, no geral, indica menos do que se pretende, pois expressa reações de momento. Mas sempre indica alguma coisa. Há, porém, uma não desprezível distância entre a opinião eleitoral na pesquisa e a decisão eleitoral diante da urna. Se as pesquisas de avaliação do governo Lula registram uma avalanche de opiniões favoráveis, nem por isso eleitores cativos do PT, em significativa proporção, são favoráveis a que se lhe confira a possibilidade de um terceiro mandato.

Justamente porque não há nada de espetacular na trajetória presidencial de Lula, é preciso refletir sobre os fatores de uma avaliação tão favorável, que, é bom que se diga, inclui uma alta proporção de eleitores que não votaram nele nem votariam. Além do populismo do Bolsa Família, que alivia o bolso dos pobres e a consciência dos ricos, e isso tem amplo efeito eleitoral, o mais provável fator dessa opinião favorável é o fato de ser Lula um político inofensivo, que não compra briga com ninguém. Ele não tem sido arauto de nenhuma grande causa politicamente conflitiva. Mesmo desdizendo na prática o que diz no palanque, nem por isso perde a confiança da população que nele vota.

Nos piores e mais graves momentos do governo, como no da crise do mensalão, Lula foi poupado pelas oposições. Mas foi decisiva sua atitude de se fingir de morto, de não enfrentar as acusações em relação a seu partido, de fazer de conta que não era com ele. Da sua estratégia faz parte manifestar-se sempre e apenas sobre questões positivas. Seja a gripe suína ou o avião que cai, ele tem sempre uma opinião enfaticamente anunciada que contraria todos os pessimismos, por mais fundamentados que sejam.

Lula e o PT conseguiram impor à política brasileira um baixo perfil eficaz que a coloca, porém, fora do alcance da opinião propriamente política e partidária, o que confunde as oposições. Isso é sinal de grande habilidade política num país em que os políticos vivem muito longe da mentalidade popular e do modo popular de compreender e interpretar as coisas da política. Há certa duplicidade na postura política de Lula, como se fosse expressão de uma dupla personalidade. Ele tanto domina o código discursivo propriamente político como domina o código discursivo impolítico da cultura popular, e pode transitar de um a outro numa fração de segundo. O que em qualquer outro político, mesmo e especialmente do PT, soa como postiço e hipócrita nele soa como natural porque consegue ser autenticamente duas pessoas ao mesmo tempo.

Nesse sentido, a avaliação positiva de Lula é antes de tudo avaliação positiva de seu talento para ter um discurso pretensamente radical e uma prática indiscutivelmente conservadora. O eleitorado brasileiro tem dado reiteradas e históricas demonstrações de que prefere manter a mudar e de que só muda quando tem boas razões para isso. Para transformar o talento da duplicidade em instituição, Lula precisava do poder e ao tê-lo alterou profundamente as condições do modo de fazer política no Brasil.

O eixo da política brasileira mudou em seu governo com a montagem da máquina do neoclientelismo petista, que estabeleceu canais no interior da estrutura do Estado que vão até as profundezas mais desprezadas da sociedade. Lula desencantou o poder. O poder, com ele, tornou-se próximo daquela imensa massa de deserdados e omissos, a nossa maioria silenciosa. É por isso que ele pode dizer uma coisa e fazer outra, ser o pai dos pobres e a mãe dos ricos ao mesmo tempo, prometer muito e dar pouco. Na grande massa pode ser inútil buscar descontentamentos que se traduzam em votos de oposição à candidata de Lula. Porque uma boa parte desses eleitores já está saciada pela fantasia de que esse governo é o seu governo, o que, no baixo perfil de sua percepção, é o único.

Boa parte do embaralhamento nas preferências que emergem das pesquisas eleitorais, sobretudo aqui no caso do governo de São Paulo, tem a ver com o fato de que Lula e o lulismo de certo modo despolitizaram a política brasileira, reduzindo a proporção dos que podem resistir a esse cenário para decidir com maturidade quem deve governar. Lula desmobilizou as oposições. Além de ter desmobilizado seu próprio partido, ao qual deu o poder, tornando-o, porém, um partido fisiológico, como fisiológicos se tornaram os partidos da chamada base aliada.

A oposição tem tido dificuldades para lidar com esse esvaziamento de sua função política. Deixou, por isso, de propor a luta oposicionista ao eleitorado e de forjar no calor da hora e do confronto as novas vocações da alternativa democrática que representa. Apresentou-se agora com reduzido elenco de nomes viáveis para o governo do estado de São Paulo, coisa que ocorre também com o PT, e aliados, em cujas prateleiras só há nomes desgastados e obsoletos. Os nomes mais favorecidos nas pesquisas de opinião recentes, em relação aos possíveis candidatos ao governo do estado, de ambos os lados, mostram os efeitos colaterais do lulismo na imposição de um perfil pobre aos potenciais candidatos. O mesmo ocorre no plano federal. Dilma, beneficiada pelos efeitos eleitorais anômalos de sua doença e pelo insólito privilégio de fazer campanha eleitoral subliminar como mãe das imensas verbas do Programa de Aceleração do Crescimento (PAC), fora de estação, é apenas uma sombra a tiracolo de Lula, que, não obstante, cresce no confronto com o candidato mais provável das oposições. Serra e o PSDB, e seus aliados, terão que encontrar o caminho de corações e mentes dos que têm fome e sede de justiça para trazer a política ao domínio democrático da razão com paixão.

E o general Golbery,
afinal, não se enganou

Quem viu as fotografias e leu o noticiário da visita do presidente Luiz Inácio a Palmeira dos Índios, em Alagoas, deve ter estranhado exuberantes elogios (além da carona no *Aerolula*) ao ex-presidente Collor, extensivos a Renan Calheiros, que teve problemas na presidência do Senado. A que se pode juntar os elogios e o empenhado apoio que nestes dias deu a José Sarney, presidente do Senado, enrolado na questão dos atos secretos de nomeações para funções naquela casa do Congresso.

O Lula e o PT de hoje são irreconhecíveis em face do que disseram que seriam, no manifesto de fundação do partido, em 1980. Eles se tornaram interessantes enigmas para a compreensão dos nossos impasses políticos, os de uma história política que avança recuando. Em discurso do mesmo 1980, na Escola Superior de Guerra, o general Golbery do Couto e Silva, militar culto, ideólogo do regime instaurado pelo golpe de Estado de 1964, deu indicações sobre a armação do futuro político do país e do lugar que nele vislumbrara para Lula. O discurso está centrado nos requisitos da segurança nacional e se refere ao âmbito da liberdade política que romperia a dependência de facções da oposição em relação à polarização da Guerra Fria.

Para ele, a redução da liberdade política criara uma rede de organizações extrapolíticas de oposição ao regime. A abertura se justificava como meio de fazer com que os partidos renascessem "na plenitude de sua função de partidos", para que a política retornasse ao seu leito natural, forma de manter as oposições divididas. Dedica umas poucas palavras à "ala esquerdista da Igreja" e é quando cita Lula como membro de uma elite sindical de líderes autênticos, "sem revanchismo ideológico". Lula "poderia ter sido" um desses líderes, diz Golbery, que se confessa desapontado com ele porque fora atraído "para as atividades mais políticas do que propriamente sindicais".

Intuitivo e prático, tudo sugere que Lula aos poucos compreendeu o plano de Golbery melhor do que o próprio Golbery. Era evidente a orfandade das esquerdas, que culminaria com a queda do muro de Berlim no fim de 1989. No Brasil, essa orfandade se traduzia numa fragmentação tão extensa que Paulo Vannuchi, hoje secretário de Direitos Humanos, chegou a escrever utilíssimo manual que mapeia e lista todos os grupos partidários da esquerda clandestina, indicando a origem de cada um como fragmento de outro. Sem passar pela aglutinação de ao menos parte dessa esquerda fragmentária, Lula nunca teria conseguido a legitimidade propriamente política que o tornaria a personagem que é.

Assim como Golbery, Lula também compreendeu que a Igreja Católica estava dividida em consequência das inovações do Concílio Vaticano II e que nela havia uma importante facção, que ia de leigos a bispos, ansiosa por aliar-se às esquerdas com base no capital político das comunidades eclesiais de base. A Igreja tinha seus motivos, temerosa de ver-se repudiada por ponderáveis parcelas da população, vitimadas por notórias carências sociais. A primeira manifestação da Igreja em favor da reforma agrária fora feita em 1950 e viera de um bispo conservador da diocese de Campanha (MG), dom Inocêncio Engelke, que alude em sua carta pastoral ao risco de que o êxodo de trabalhadores rurais para a cidade os colocasse à mercê do proselitismo comunista. É evidente que essa Igreja também compreendeu que Lula era um personagem politicamente à deriva, ao qual poderia aliar-se, como se aliou.

Operário qualificado e bem pago de multinacional, Lula compreendia que o sindicalismo da Era Vargas tornava-se obsoleto e agonizava, impróprio para a nova militância do entendimento e da mesa de negociação. O sindicalismo lulista era apenas o instrumento da nova realidade das relações laborais, divorciadas da concepção de classes sociais, tendente ao fortalecimento das categorias profissionais e setoriais. Longe, portanto, do mito da greve geral, a greve política, mais de confronto com o Estado do que com o capital, que era a estratégia dos comunistas, fortes no ABC operário. Lula e o PT serão decisivos na demolição da esquerda característica e histórica.

O carisma crescente de Lula, a figura mítica buscada pelas esquerdas órfãs e pelo catolicismo social, foi fundamental para o salto de modernização política representado pelo surgimento do PT (e também pelo do PSDB, dentre outros partidos), com a abertura política promovida pela ditadura no marco das concepções de Golbery. Lula e o PT cresceram, aglutinando o que nem sempre corretamente se autodefine como esquerda. A *Carta* de 2002, pela qual o PT realinha suas orientações ideológicas a favor de uma generosa aliança com o capital e com as multinacionais, bem como com os grupos políticos de origem oligárquica, representa o cume na construção de esquerda do partido e o início do processo de sua desconstrução de direita. Ainda antes das eleições presidenciais daquele ano, Lula, falando a usineiros de açúcar e fornecedores de cana de Pernambuco e da Paraíba, fez a crítica do socialismo e lhes prometeu benefícios de política econômica, o que resultou na imediata adesão de todos eles à sua candidatura.

Daí em diante, Lula no poder e o próprio PT foram descartando pessoas e facções internas à esquerda de sua opção conservadora. Foram descartando também as organizações que atuam como movimentos sociais, abandonando ou atenuando programas e projetos. Inicialmente, para trazer o apoio do latifúndio e do grande capital à sua pessoa e ao seu governo. Depois, para agregar à sua base política o que de mais representativo há do remanescente oligarquismo brasileiro e da obsoleta, e não raro corrupta, dominação patrimonial.

O solidário e empolgado abraço de Lula, com sorrisos, nesses três aliados, emblemáticos senadores da República, é sobretudo um fraterno e decisivo abraço no retrocesso histórico e nos reacionários arcaísmos da política brasileira. O general Golbery achou que se enganara. Não se enganou.

Eis a depuração?

A saída de Marina Silva do PT amplia o elenco das perdas identitárias que vêm drenando de seus quadros algumas de suas figuras mais emblemáticas: Luiza Erundina, Cristovam Buarque, Heloísa Helena. Na sua diversidade, são nomes expressivos na relação do partido com setores moralmente sensíveis da sociedade brasileira. Faces visíveis de alguns dos grandes eleitores ocultos, decisivos na trajetória de qualquer partido político.

O PT é uma frente partidária que vem se estreitando. Nasceu como coalizão de tendências políticas e sociais de perfis muito desencontrados. Nasceu dos descontentamentos residuais em relação a partidos e tendências, de esquerda e conservadores. O PT se constituiu numa organização partidária fracionada, mas articulada, em cujo interior podem ser identificadas duas grandes facções que são as protagonistas de sua dinâmica e de sua crise atual. De um lado, a facção do poder, dos que, em linhas gerais, procedem da esquerda convencional e do aparelho sindical. De outro lado, a facção religiosa, que, mesmo tentada pelo demônio do poder, só tem legitimidade quando expressa o profetismo cristão, particularmente o católico, tão forte em nossa cultura popular.

Nesse embate, o profeta invisível se alça contra o rei, aponta-lhe o dedo, questiona-o em nome da verdade do povo, derruba-o moralmente em nome da utopia de um tempo de fartura, justiça e esperança. Nesses dias, um dos desiludidos com o PT disse que o partido jogou a moral no lixo. Na verdade, no lixo jogou mais do que a moral. Jogou a utopia que lhe deu cerne e estrutura, jogou sua própria alma. O PT oportunista corrompeu a identidade do PT inovador, o dos novos sujeitos da política que nasceram das exclusões cujo sentido se deu a ver durante os tempos repressivos da ditadura militar.

Lula, oriundo do sindicalismo de resultados, e não propriamente do sindicalismo de luta, tornou-se um líder carismático porque em grande parte refabricado na mística do grupo de origem religiosa e, também, nos setores de esquerda que estavam ansiosos pelo poder para demonstrar sua competência como gestores não capitalistas do capital. Foi o modo de fazer com que o que era igual parecesse diferente. Seu carisma protegeu-o não só contra os descontentamentos populares em face de desregramentos como o do mensalão e os possíveis descontentamentos das elites, mas, sobretudo, contra os descontentamentos no interior de seu próprio partido. A consequência tem sido o fortalecimento de seu absolutismo, o que se manifesta particularmente quando age como porta-voz da convenção partidária que não houve, do seu e de outros partidos, ao indicar Dilma Rousseff como candidata à presidência, Ciro Gomes para o governo de São Paulo e Henrique Meirelles para o governo de Goiás. Hoje o PT é governado pelas conveniências do poder.

No entanto, o poder impôs ao PT a missão de transformar-se em partido político, o que tem implicado abrir mão de sua rica diversidade ideológica e suas conflitivas ideologias internas. As expulsões e desligamentos resultam desse processo de depuração, para que o partido faça de conta que continua sendo o mesmo para ser o oposto do que dizia ser. A crise de oportunismo que estamos vendo é a crise de nascimento do novo PT. Se o PT nasceu batizado como partido popular e religioso, está agora passando pelo rito do crisma, tendo como padrinhos Sarney, Collor, Jucá, Calheiros. Renasce modelado segundo as exigências de uma concepção retrógrada e rústica do poder, tendo como referência o reacionário oligarquismo da dominação patrimonial e o fisiologismo que lhe é próprio. Na rendição, ninguém escapa: nem Aloizio Mercadante, nem Ideli Salvatti, cujos radicalismos se perdem na satanização do outro, do adversário, na incompetência para a radicalidade, a de ir às raízes dos fatos e expô-las. Tornaram-se meros cúmplices.

Parasitando os movimentos sociais, o PT esperava transformar-se num sucedâneo civilizado do populismo rural e urbano. Aliou-se aos partidos e às figuras exponenciais do nosso atraso político na esperança de apossar-se de seu eleitorado. Mas na dialética desse tipo de interação acabou parasitado. Na sessão da Comissão de Constituição, Justiça e Cidadania para ouvir a sra. Lina Vieira, alta funcionária técnica do governo, recém-demitida no confronto com a ministra da Casa Civil, a candidata de Lula à presidência, o que se viu foi o governo do PT sendo defendido na primeira fila pela tropa de choque do oligarquismo e do fisiologismo. O partido substituído e representado por aquilo que foi no passado objeto de sua crítica e de sua contestação. E não faltou um PT policialesco, na retaguarda, inquirindo a depoente como se estivéssemos no tempo da ditadura, como se fosse ela que tivesse que explicar os arranjos que fazem do PT o que ele é hoje. Os ingênuos dos dois lados do embate não se deram conta de que a depoente, sem nada dizer, fê-los engalfinharem-se contra e a favor do que era até então um mero fantasma, o fantasma de Dilma Rousseff, dando-lhe corpo e alma. Nem mesmo faltou a palavra inoportuna do presidente da República na tarefa que não lhe cabia, a de defender sua criatura desqualificando a funcionária.

O fato de que Marina Silva já apareça como opção eleitoral antes mesmo de ser oficialmente candidata dá bem a medida da ansiedade que setores ponderáveis do PT e do eleitorado têm por uma candidatura que represente o retorno aos valores que deram carnalidade a Lula. O fenômeno Marina Silva é o primeiro e poderoso indício de que o carisma de Lula tem sido silenciosamente abalado em seus fundamentos, mesmo que as pesquisas de opinião lhe deem altas porcentagens de apreço popular, que não é a mesma coisa que opção eleitoral e partidária. Por outro lado, ao revelar que Ciro Gomes tem o mesmo índice de opções da candidata de Lula, as pesquisas indicam que a perda do seu carisma se desdobra também aí, na imaterialidade política da candidatura de Dilma Rousseff, mesmo com as poderosas verbas do PAC. Ou, talvez, por isso.

Créditos do capítulo

A entrevista "Ainda os dois Brasis" foi concedida para o *Jornal do Centro Acadêmico "XI de Agosto"*, da Faculdade de Direito da Universidade de São Paulo, em abril de 2008.

"Brasil, país de investimentos" foi publicado originalmente em *O Estado de S. Paulo*, caderno Aliás, a semana revista, 4 maio 2008, p. J7.

"A classe média e conformada" foi publicado originalmente em *O Estado de S. Paulo*, caderno Aliás, a semana revista, 10 ago. 2008, p. J6.

"A derrota por trás da vitória" foi publicado originalmente em *O Estado de S. Paulo*, caderno Aliás, a semana revista, 12 out. 2008, p. J6.

"O ano novo do brasileiro" foi publicado originalmente em *O Estado de S. Paulo*, caderno Aliás, a semana revista, 21 dez. 2008, p. J6.

"Banalização do sagrado e da política" foi publicado originalmente em *O Estado de S. Paulo*, caderno Aliás, a semana revista, 15 mar. 2009, p. J3.

"O imaginário oculto e 2010" foi publicado originalmente em *O Estado de S. Paulo*, caderno Aliás, a semana revista, 22 mar. 2009, p. J6.

"A mutilação do Estado brasileiro" foi publicado originalmente em *O Estado de S. Paulo*, caderno Aliás, a semana revista, 8 mar. 2009, p. J5.

"Paixão e razão na política brasileira" foi publicado originalmente em *O Estado de S. Paulo*, caderno Aliás, a semana revista, 7 jun. 2009, p. J7

"E o general Golbery, afinal, não se enganou" foi publicado originalmente em *O Estado de S. Paulo*, caderno Aliás, a semana revista, 19 jul. 2009, p. J7.

"Eis a depuração?" foi publicado originalmente em *O Estado de S. Paulo*, caderno Aliás, a semana revista, 23 ago. 2009, p. J5.

O fim do proletariado mítico (2009-2015)

O que está acontecendo nestes dias não tem dimensão partidária, a não ser por implicação. Desenrola-se no plano da indignação moral acumulada em anos de abusos contra o interesse público, desdém pelas carências populares, pouco caso pela inteligência da população em obter, processar e compreender a informação cada vez mais acessível a todos. No plano moral, os manifestantes antepuseram a nação aos partidos. O Brasil foi às ruas exigir do governo um projeto de nação, e não um projeto de classe social; políticas para todos, e não para facções.

Os "carolas" do ABC

A filha de 20 anos de um operário metalúrgico de montadora do ABC, estudante do curso noturno de Turismo, da Uniban, de São Bernardo do Campo, durante o dia empregada de um mercadinho em frente à sua casa, em Diadema, foi moralmente linchada por seus colegas, quase todos trabalhadores como ela, quando saiu da sala de aula para ir ao banheiro feminino. O motivo foi o traje rosa e um pouco curto da moça, o que a destacava de suas colegas. Vídeos e fotografias feitos pelos próprios estudantes, que a assediavam e a apupavam, mostram um cenário que era também de linchamento físico. A moça escapou por pouco. O episódio expôs as muitas contradições não resolvidas na situação social da emblemática classe operária do subúrbio paulistano, em particular a da histórica região industrial do ABC. Os filhos do proletariado dos dourados tempos políticos das assembleias sindicais do Estádio da Vila Euclides não herdaram da geração de seus pais uma sociedade tolerante e democrática. Seus pais se limitaram às reivindicações salariais e de poder. No pouco queriam tudo, mas não as superações das estreitezas e limites de sua classe social e de sua mentalidade de classe.

A intelectualidade acadêmica dos anos finais da ditadura militar rejubilou-se com o surgimento do que foi chamado de "novo sindicalismo".

Uma enxurrada de conceitos e de interpretações imputou à classe operária regional, de carne e osso, as virtudes da classe operária filosófica, como a definiu Agnes Heller em outro contexto, de análises feitas em outros países e outras circunstâncias. De modo geral, as análises que enveredaram pelo equívoco de uma interpretação baseada no pressuposto da luta de classes deixaram de lado as complexas mediações – culturais, sociais e históricas – e determinações que fizeram da classe operária da região industrial uma classe operária historicamente singular e até relativamente diversa da dos manuais de Ciência Política, porque conservadora e corporativa.

O proletariado regional, no passado relativamente recente, ganhara corpo e vida na cultura conservadora e conformista do trabalhismo de Vargas. Excepcionalmente, o Partido Comunista, já na ilegalidade, elegera prefeito e maioria dos vereadores da região, em 1947, cassados minutos antes da posse. Região majoritariamente católica, com a criação da diocese e a nomeação do primeiro bispo, dom Jorge Marcos de Oliveira, em 1954, propôs-se a Igreja a criar lideranças operárias e as condições de surgimento de um partido laboral alternativo, fundado nas premissas da Ação Católica e do anticapitalismo de Pio XI. Teve êxito, com a ascensão sindical de Lula e o surgimento do PT, ambos, a seu modo, consubstanciando os valores da tradição conservadora, familística e religiosa do operariado regional.

O tumulto na Uniban teve como protagonistas, justamente, os herdeiros do problemático legado dessa tradição e de insuficiências dela decorrentes. A ascensão social do operariado do ABC é óbvia em toda aquela região. Ascensão que começara lá atrás, nos tempos de Getúlio Vargas. Mas um operariado que, se demonstrou competência na adesão ao capitalismo e na ambição de poder, não demonstrou a menor competência para criar as bases sociais da ressocialização de seus filhos para a sociedade moderna, aberta e democrática. O mercado de serviços educacionais tratou de suprir essa carência, com a disseminação de escolas de terceiro ciclo movidas pelo lucro, que se propõem a qualificar para as eventuais oportunidades de trabalho, mas que não têm condições nem o propósito de ressocializar para os desafios e os embates da vida cotidiana. O novo sindicalismo e o novo partido não criaram nem um novo modo de vida nem uma nova cultura centrada nos valores da emancipação do homem de suas pobrezas, a maior das quais é a pobreza de esperança, mesmo na significativa prosperidade material que a região alcançou.

As origens culturais reacionárias dessa geração já se manifestaram antes, no surgimento dos chamados Carecas do ABC e sua prática racista. Carlos Reichenbach, inspirado nos fatos relativos à ação desse grupo, produziu um excelente filme – *Garotas do ABC* –, de 2004, que é justamente um retrato da crise de gerações que vem alcançando profundamente as famílias operárias e, de certo modo, antecipa ocorrências como a de agora. Não podemos nos esquecer de um acontecimento de motivação semelhante, conservadora, em 2008, na Escola Amadeu Amaral, no bairro do Belenzinho, em São Paulo, envolvendo uma adolescente, que culminou em briga e na depredação da escola. Nesses vários casos, a concepção que os regeu foi a do linchamento.

A prática do linchamento tem sido em todas as partes forma violenta de ação conservadora, no sentido de enquadrar e até cancelar a presença dos diferentes e dos inovadores, como a moça da Uniban, para restaurar a ordem conformista, supostamente por eles ameaçada. A região que mais lincha e ameaça de linchamento no Brasil é justamente a região metropolitana de São Paulo, a do subúrbio e dos bairros operários. A motivação tem sido a punição para restabelecimento ou imposição da ordem onde surgem indícios de ruptura e de violação dos valores do autoritário conservadorismo popular, como no caso dessa saia curta. Um conservadorismo autodefensivo, é bom que se diga, em face dos efeitos desagregadores da modernização e da transformação social.

Os estudantes entrevistados pela mídia expuseram sua censura conservadora e intolerante à moça e sua censura à própria mídia pela visibilidade que deu à ocorrência, pelo que entendem ser a estigmatização da escola, o que os estigmatizaria como personagens vicários da instituição. A culpa não seria de quem agiu violentamente, mas de quem divulgou a violência, concepção que é outra expressão de intolerância. E todos os grupos que foram à porta da escola protestar em favor dos direitos da moça foram rechaçados com gritos de "cala a boca" e "cai fora". Resta saber o que pensam os estudantes da Uniban da nudez de solidariedade dos estudantes da UnB, a Universidade de Brasília, completamente distantes desse mundo operário, refugiados nas ilusões da classe média e de seus privilégios de estudantes de escola pública e gratuita.

Nas urnas,
o confronto de mentalidades

Esta passagem de ano, no plano político, tem características particulares porque ocorre simultaneamente com o calendário da renovação cíclica do poder pela manifestação eleitoral da vontade popular. Na passagem de 2002 para 2003, tivemos, pela primeira vez, a chegada de um ex-proletário à presidência da República, revestido da aura do profetismo popular, em torno dele laboriosamente construída ao longo de anos pelos especialistas no assunto. Vivemos o esplendor do momento inaugural de um fato verdadeiramente novo na história política da República. Porém, na passagem de 2009 para 2010, o que temos é o oposto, o país vencido pelo cansaço que há em tudo que era supostamente novo e se revelou melancolicamente velho e pouco criativo.

O governo Lula chega ao seu último ano com significativa lista de débitos políticos em relação às promessas de discurso, ao necessário e ao esperado por seus constituintes mais exigentes e radicais. Sua reforma agrária não só ficou muito aquém do que dele esperavam fiéis apoiadores, como o MST e a Pastoral da Terra, ficou aquém da consistente reforma agrária de Raul Jungmann no governo FHC. Jungmann enfrentou a grilagem e decretou a anulação de títulos correspondentes a algumas dezenas de milhões de hectares de terra sem lastro legal. As vacilações do governo Lula em relação à demarcação das terras indígenas trouxeram sua política indigenista para um patamar muito inferior aos de governos anteriores. Sua atitude em relação à questão dos mortos, dos torturados e perseguidos políticos desdiz sua condição de indenizado por ter sido ameno prisioneiro da ditadura, e é imenso o recuo nesse débito político e moral do Estado brasileiro. As figuras expressivas e representativas que têm abandonado o governo e o PT nestes sete anos do lulismo são os melhores indícios de recuos históricos do presidente e do partido.

Antes das eleições de 2002, na *Carta ao povo brasileiro*, o PT deu sua guinada para a direita, para viabilizar sua chegada ao poder, comprometendo-se com a dominância de uma economia que equivocadamente combatera até então. Em 2009, para continuar no poder, em face das dúvidas de seu eleitorado mais fiel, articula sua guinada para a esquerda. Um partido bifronte, de esquerda e de direita, conforme a circunstância e conforme o público. Esse é outro dos problemáticos legados ao ano eleitoral de 2010, bem diferente de 2002.

Ao mesmo tempo, o outro partido, de perfil ideológico consistente, o PSDB, reluta em explicitar sua social-democracia, em reconhecer e expor abertamente suas contribuições modernizadoras da política nessa linha ideológica. O partido se fecha aos ganhos e acertos sociais do governo FHC em face das tradições do atraso, o clientelismo e o populismo. Neste final de era, uma coisa é clara quanto aos dois partidos que se defrontam: a política social do PT é preferentemente dirigida a pessoas com cara social e individual precisa. É o caso não só do Bolsa Família, que passou a ter essa característica no governo Lula, mas também o do Prouni, para incrementar o acesso dos jovens às escolas superiores privadas. Já a política social do PSDB é dirigida a categorias sociais abstratas, em função de necessidades sociais e coletivas, e não primeiramente em função de necessidades pessoais. Foi assim nas políticas de FHC reproduzidas e personalizadas por Lula. Está sendo assim nas políticas sociais de Serra em São Paulo, como é o caso da vital expansão do transporte de massa, metrô e trem, é assim na sua política de valorização da educação por meio da valorização do educador e foi assim nas orientações que adotou quando ministro da Saúde. Uma orientação modernamente social no confronto com a orientação pré-moderna e personalista da política social de Lula.

Resta saber como o eleitorado receberá essa diferença em 2010 e qual será a sua opção final. A orientação do governo do PT é claramente em direção à mentalidade dos pobres e desvalidos, na geralmente falsa pressuposição de que são dependentes de tutela e paternalismo. A do PSDB é claramente em direção à mentalidade da classe média, na pressuposição que também pode ser falsa de que seus membros pensam com a própria cabeça e tomam suas decisões políticas com base na avaliação consciente e racional das funções e ações do Estado.

O legado político para 2010 será, portanto, o do confronto e da disputa entre essas duas mentalidades e seus implícitos projetos de poder e só secundariamente entre partidos e nomes. Na última década e meia, a classe média cresceu, até com as políticas do PT, a escolarização se difundiu, a ansiedade messiânica teve forte redução, o que favoreceu a mentalidade mais representada pelo PSDB. No entanto, o governo Lula criou mecanismos de institucionalização da pobreza, de que o Bolsa Família é o principal e mais invisível instrumento. Nesse plano, a mentalidade que preside e decide é a mentalidade messiânica que ainda tem forte papel na política brasileira.

Rei morto, rei posto

Essa história de "rei morto, rei posto", ditado presente na boca de Lula nas semanas finais de seu governo, esconde um bocado de coisas. Raramente prestamos atenção ao dia seguinte do ex-governante após o rito de passagem em que um presidente entrega o poder a outro e se despe dos atributos de instituição, como pessoa que personifica o poder e a nação. O dia seguinte inaugura na biografia dos ex-governantes a híbrida condição de *ex*. Ele já não é a instituição da presidência da República, mas continua sendo: teve acesso a segredos de Estado, a informações privilegiadas que não estão ao alcance dos mortais comuns, vê coisas que os outros não enxergam. Não terá condições de se livrar da roupagem de símbolo. Não poderá andar nas ruas sem ser notado. Sequer poderá comer um proletário pastel de feira sem o risco de virar notícia. O que na vida da pessoa comum é mera transgressão alimentar, na de um ex-presidente é comida politicamente incorreta. O que na rua é comida de esquerda, na vida dos ex-poderosos é comida de direita.

A passagem de presidente a ex-presidente se dá em questão de minutos. É metamorfose visível nas reportagens de transmissão de poder. Na posse de Dilma, foi possível ver a súbita mudança de interesse e orientação dos acólitos do poder. Literalmente, viram as costas para o *ex*, deixam de sorrir-lhe, não lhe estendem a mão. É uma forma simbólica de despojamento da coroa, do cetro e do manto. Simbólica e mal-educada.

Um ex-presidente tem que fazer esforços para voltar a ser o que era. E nunca o conseguirá plenamente. Em interessante entrevista à revista *Piauí*, o ex-presidente Fernando Henrique Cardoso referiu-se a isso: ter que fazer o próprio *check-in* nos aeroportos, carregar as próprias malas, procurar ele mesmo o táxi, enfrentar filas. No curtíssimo espaço de um mandato, muita coisa muda; de dois mandatos, muda muito mais. É preciso reaprender a movimentar-se. Quem depender de emprego para sobreviver, terá que aprender muito mais. Lula, se tivesse que voltar para a fábrica, teria que aprender uma nova profissão, pois a sua, a de torneiro mecânico, praticamente não existe mais, substituída por computadores.

Getúlio personificou um modelo híbrido de ex-presidente, combinando o recolhimento com o retorno posterior à política. Destituído da presidência, recolheu-se ao exílio em sua fazenda de São Borja. Seu refúgio tornou-se lugar de romaria dos políticos, o caso mais emblemático de que o *ex*, de certo modo, continua sendo. Voltaria ao poder em 1950. Sua opção pelo suicídio, em 1954, foi mais do que expressão de um beco sem saída de circunstância. Em seu diário, relativo ao primeiro longo mandato de presidente, suas anotações falam do poder como um lugar de solidão e desamparo. A solidão do Palácio do Catete, no entanto, era sua companheira, amiga e refúgio. A proximidade do fim do mandato tornou insuportável a ideia de um novo exílio, de uma separação definitiva, do fim da solidão, de ter que voltar ao assédio de muitos e enfrentar-lhes a hipocrisia.

Já no fim do governo FHC, perguntei a Ruth Cardoso se o casal tinha planos de passar um tempo fora do Brasil. Com seu fino humor, ela me respondeu que não. Ao contrário, pretendia retornar ao Brasil. Um lugar fora do Brasil era o Palácio da Alvorada.

Ex-presidentes correm o risco de se tornar prisioneiros do passado. O general Garrastazu Médici, após o poder, voltou para sua terra, o Rio Grande do Sul. Ficava no portão de casa puxando conversa com os passantes para falar sobre as excelências de seu governo, como este país nunca antes tivera. As pessoas, que mal o conheciam ou nem o conheciam, achavam que estava delirando. Um indício de que a descontextualização do ex-governante envolve o risco de que ele seja lançado no que se pode chamar de lugar nenhum e se torne irreconhecível. Isso mostra que o seu retorno ao mundo do homem comum é praticamente impossível.

Na cessação do mandato que engendra o ex-presidente, o que lhe resta é a memória do povo. Mas nem todos se tornam memoráveis. De todos os homens que passaram pela presidência da República, apenas três receberam o galardão, por diferentes motivos e de diferentes modos. Getúlio, JK e FHC. A memória de Getúlio é imperecível, gravada numa definição do tempo histórico: o "tempo de Getúlio". JK porque se confunde com sua obra, especialmente Brasília. Fernando Henrique descobre seus méritos de governante nos aplausos espontâneos que recebe nos lugares a que vai e por onde passa e na memória popular centrada nos benefícios resultantes do Plano Real e do saneamento da moeda.

Algo parecido deve acontecer com Lula. A multidão que foi à praça dos Três Poderes para a posse foi para aplaudi-lo, e não para aplaudir Dilma. Foi para resgatar Lula do poder que o fizera refém, trazê-lo de volta para o povo. Depoimentos e manifestações várias de populares mostram isso claramente: o boteco, o grupo de futebol, os restaurantes de comida gordurosa e pesada, tudo afetuosamente à sua espera. Lugares e pessoas que não mudaram à espera do homem que já não pode ser o mesmo.

Vice-presidentismo

À meia-noite de 31 de janeiro, a nação tirou dos ombros de José Alencar Gomes da Silva o peso da função de vice-presidente da República. Terminava ali o seu mandato. Muitos se lembrarão dele como um mero figurante do poder, que passou boa parte dos oito anos de sua vice-presidência entre o Palácio do Jaburu, em Brasília, e o Hospital Sírio-Libanês, em São Paulo. Poucos se lembrarão que Alencar foi presidente do Brasil durante 477 dias, o número de dias em que Lula se ausentou do país. Se contínuos esses dias, Alencar teria tido um mandato mais longo do que o de Café Filho, vice que assumiu a presidência com o suicídio de Getúlio Vargas, em 1954.

Com uma tão longa vice-presidência no exercício da presidência da República, Alencar, no entanto, não ficará conhecido por nenhum ato que tenha tido sua marca pessoal: a presidência vicária teve em Alencar um servidor exemplar. Tudo que fez, fez lealmente em nome de Lula. A figura de Lula, presente ou ausente, preencheu todos os espaços do poder. Poucos se lembrarão de que Lula esteve a pique de perder a presidência em 2005, na crise do mensalão, fosse pelo impedimento, fosse pela renúncia. Naquele momento, foi até mesmo abandonado por nomes expressivos do petismo católico, decisivo em sua ascensão política.

Se as oposições, em particular o PSDB, foram mais cuidadosas do que o PT dos aloprados na preservação desse mandato, para preservar as instituições, é sobretudo verdade que José Alencar não se deixou tentar pela possibilidade de tramar contra o presidente e de assumir o governo. Esse episódio de civilidade custou às oposições a possibilidade do retorno fácil à presidência; mas, sobretudo, engrandeceu a figura do vice-presidente da República. Sua lealdade fortaleceu a instituição da vice-presidência. Do mesmo modo, sua candidatura, ao representar o aval do grande capital e do empresariado à candidatura do ex-operário Lula, representou também um passo decisivo na viabilidade de uma política de aliança de classes em favor do primado da pluralidade social e ideológica como fundamento da democracia brasileira. Alencar salvou o PT. Muitos insistem que Lula e o PT foram espertos ao proporem a *Carta ao povo brasileiro*, em 2002, como testamento de renúncia ao radicalismo anticapitalista de algumas de suas facções. Depois disso, a verdade é que o PT nunca mais foi o mesmo. O êxito foi de Alencar, que se tornou avalista dessa profissão de fé e com isso prestou um serviço ao país: baniu da cena política o fantasma do temor à esquerda, esvaziou um dos argumentos decisivos da verdadeira direita e abriu a oportunidade para que partidos mais à esquerda chegassem ao poder e governassem.

Alencar fortaleceu a vice-presidência da República como instituição auxiliar e supletiva do governo, como banco de reserva da governação. Vice-presidência que havia ganhado um colorido próprio com a discrição do mais mineiro dos pernambucanos, Marco Maciel, no governo de FHC. O que se confirmou com Alencar, que, mineiramente, firmou-se no segundo lugar como suporte e garantia de quem ocupava o primeiro.

A vice-presidência tem sido instituição de utilidade discutível. Tivemos vice-presidentes maiores do que a vice-presidência. João Goulart foi um deles. Teve quase meio milhão de votos a mais que Juscelino Kubitschek, de quem foi vice já na eleição de 1955. Aliás, nessa mesma eleição, Milton Campos, o vice do candidato derrotado, Juarez Távora, teve trezentos mil votos a mais do que JK. Maior do que o necessário, a vice-presidência foi em diferentes ocasiões fator de dúvida. Quando Jânio Quadros renunciou, o vice, João Goulart, foi vetado pelos militares. Acabaria se tornando temporariamente meio presidente, com a instituição do regime parlamentarista e a perda de suas funções propriamente governativas para o primeiro-ministro. Mais tarde, já na ditadura, o vice-presidente Pedro Aleixo também seria vetado e teria seu mandato extinto quando se pôs o problema da sucessão do general Arthur da Costa e Silva. Foi declarado oficialmente inútil.

O tamanho anômalo da vice-presidência se vê na infraestrutura de que dispõe. Além do Palácio do Jaburu para sua residência oficial, o vice-presidente tem ainda um gabinete vice-presidencial. Um descabido aparato de poder nas mãos de quem, de fato, não tem poder. No fundo, mesmo, o vice é que nem primeira-dama, um mero coadjuvante, um resguardo simbólico. Dificilmente ousaria destoar da linha presidencial; no retorno do titular, seu ato seria desfeito. Com o vice na presidência, o país hiberna politicamente.

O novo vice-presidente, Michel Temer, quer tirar a vice-presidência dessa hibernação. A movimentação em seu gabinete e as exigências de poder ao governo sugerem que seu ocupante parece pretender cogovernar a República: assim como com Lula surgiu o lulismo, com Michel Temer está surgindo o vice-presidentismo. Dificilmente, porém, irá muito além da inovação gramatical de ser rebatizado como *vice-presidento* para acompanhar a mesma toada da *presidenta*.

Mínimo de palanque

Falando aos jornalistas em Dacar, no Senegal, onde participou do Fórum Social Mundial, o ex-presidente Lula meteu a boca nos "companheiros sindicalistas" brasileiros que querem um reajuste do salário mínimo superior aos R$ 545,00 que o governo Dilma se dispõe a dar, R$ 5,00 acima do já decretado. Oportunismo, foi a definição que deu à traição dos companheiros que haviam negociado com o seu governo diferente sistemática para o reajuste do mínimo. Como diz o outro, vivendo e aprendendo. Lula cresceu como sindicalista fazendo as mesmas reivindicações e pressões, que agora repudia, contra os governos de seu tempo.

Segundo o deputado Paulo Pereira da Silva, da Força Sindical, em entrevista a *Congresso em Foco*, Lula, na presença de Dilma, no entanto, negociara com os dirigentes sindicais, agora definidos como oportunistas, algo bem diverso da negociação por ele alegada em defesa de sua sucessora. No dia 13 de outubro, dez dias depois do primeiro turno das eleições, num palanque de comício de Dilma, com a presença de Lula, em São Miguel Paulista, dirigentes de seis centrais sindicais disseram a ela que estava perdendo votos. Eles não tinham argumentos para defender sua candidatura porque a proposta do governo do PT era a de reajustar o mínimo apenas para repor o desgaste da inflação. Serra, que é economista, assegurava, no entanto, ser possível elevar o mínimo para R$ 600,00, sem maiores problemas para as contas do governo. Ainda que irritado, Lula, em nome de Dilma, ali presente, confirmou que o reajuste seria acima da inflação porque o governo, após as eleições, reconstruiria "uma política de salário mínimo". Dilma não discordou. Houve, portanto, um pacto de palanque.

Há várias questões bizarras envolvidas na querela entre Lula e seus companheiros sindicalistas. A mais importante é a de que ele, ao longo de seu governo, ainda que vacilando, assumiu progressivamente o primado das razões de Estado em relação às demandas de seus aliados e das poderosas bases de sua ascensão política. Fez um comentário nesse sentido quanto à nomeação de ministros para o Supremo Tribunal Federal: errara. Deveria ter escolhido ministros identificados preferentemente com os interesses do Estado, e não com as questões sociais. Lula descobrira que a governabilidade depende de que o governante aja impessoalmente em nome do Estado, e não propriamente como delegado da sociedade. A posição de agora se situa nessa orientação. Se, nesse sentido, ao longo de seu governo, Lula desconstruiu aos poucos sua relação com as bases católicas, atalhando pressões e até mesmo demitindo representantes dessa tendência, agora ele se insurge contra os sindicalistas indóceis, a outra grande base de sua ascensão ao poder.

Recentemente, André Singer, que foi porta-voz da presidência da República no governo Lula, publicou interessante estudo sobre o fenômeno que vem sendo chamado de "lulismo", a crescente independência de Lula em relação ao seu próprio partido político. Já na eleição de 2006 ficara claro que das urnas saía um Lula bem maior do que o PT. Lula fora salvo do rebote do mensalão pela política populista do Bolsa Família, recebendo milhões de votos que antes tinham outro destino, de eleitores mais conservadores, não identificados com o radicalismo anticapitalista de seu partido. A declaração de Dacar indica que Lula assume o lulismo, sobretudo porque fala como se presidente ainda fosse. As reiteradas fotos de Dilma com as mãos timidamente cruzadas sobre o colo sugerem arriscada insegurança. Lula pode estar se aproveitando dessa fragilidade simbólica para garantir a força do lulismo em face dos já evidentes rumos próprios de sua cria.

Aparentemente, estamos diante de uma valorosa e desprendida defesa das contas do governo, contra um gasto evitável, sobretudo, aliás, porque atinge de preferência os aposentados, desorganizados e impotentes. As contas do governo estão tumultuadas pela elevação de despesas, durante a campanha eleitoral, para assegurar a eleição de Dilma a qualquer preço. Terão que pagar a conta os que dependem do salário mínimo e que receberão menos do que precisam. É muita gente: em 2009, de quase 163 milhões de pessoas ativas com 10 anos e mais, 25% recebiam até um salário mínimo, e outros 22%, de mais que um até dois mínimos. É verdade que no primeiro grupo o efeito será limitado aos que ganham propriamente o mínimo: um aumento de R$ 35 mensais em relação ao salário mínimo atual. A decretação do novo salário em pouco ou nada afetará quem ganha menos do que o decretado, os que trabalham em regime de sobre-exploração. Tanto em relação ao mínimo dos sindicalistas quanto em relação ao mínimo de Lula e Dilma, a lesão à economia dos trabalhadores será a mesma e continuará sendo imensa. Se ao longo da história do nosso salário mínimo, desde 1940, tivessem sido levados em conta os parâmetros originais das carências a serem por ele cobertas, o mínimo teria que ser hoje, segundo o Departamento Intersindical de Estatística e Estudos Socioeconômicos (Dieese), de R$ 2.227,53.

Opção pelo emergente

Aécio Neves pisou na bola do PSDB, desperdiçando numa contravenção de trânsito o suposto capital político acumulado em cima do muro na recente campanha presidencial. Penalizou o partido inteiro no ato de difícil explicação, porque tocou diretamente nos sentimentos da maioria, que se ressente quando em face de atos dos que se acham mais iguais e acima das obrigações da lei e dos bons costumes. O mais inocente dos políticos dificilmente se recupera, na escala necessária, de deslizes como esse. Não foi melhor para o PSDB a debandada dos vereadores paulistanos que o deixaram nestes dias. Em princípio, não parece nada, dada a pouca relevância que tem tido o mandato municipal, seja do PSDB, seja do PT, numa conjuntura política dominada por concepções do grande poder. Os vereadores escaparam para o terreno mais seguro, que lhes é próprio, o do pequeno poder local na lógica de província.

Mas o PT também tem o que temer e penar. A linha ideológica do PT de governo, oposta à do que foi o PT de oposição, vem se revelando gradativamente. Nesta semana, ganhou uma confirmação na posição de Lula, em reunião fechada de seu partido, de que o PT deve buscar alianças à direita, entre os órfãos do malufismo e do quercismo, e deve tentar atrair a "nova classe média". Uma confirmação de que Fernando Henrique Cardoso, em seu artigo "O papel da oposição", da semana anterior, acertara na mosca, ao apontar um campo de possibilidades para o PSDB e, portanto, o calcanhar de Aquiles do PT.

Lula repõe, assim, na agenda do país, o denso texto de FHC e as ponderações ali contidas, no sentido de que o PSDB deixe de lado a meta de disputar com o PT influência sobre os movimentos sociais, ou o "povão", e se dedique à compreensão da nova classe média, a do Brasil que está mudando, e ao diálogo com ela, suas ideias e suas demandas. Na verdade, o artigo do ex-presidente vai muito além da crítica à ação política de conquista do chamado "povão". Até porque, fica ali claro, "povão" é uma concepção depreciativa da categoria política "povo". Que Lula não tenha compreendido a distinção subjacente às duas palavras de sentido oposto já é munição para o PSDB enfrentá-lo e enfrentar o PT. "Povo" é categoria relativa ao cidadão, ao sujeito democrático de direito, enquanto "povão", no subjacente populismo manipulador, é categoria antagônica ao cidadão, porque massa de manobra da demagogia de palanque. É justamente no território dessa diferença que incide, mais do que a opinião de FHC no texto mencionado, a doutrina política que ele encerra e a teoria política que contém.

O documento sublinha a centralidade que a vida cotidiana vem crescentemente tendo na política contemporânea e a reformulação do fazer política que ela implica. O terreno da prosperidade ideológica do PT tem sido justamente o do cotidiano e suas carências, cuja rentabilidade eleitoral foi multiplicada pelo acesso ao poder e aos recursos extensamente utilizados para atrelar a sociedade ao Estado e ao partido. Para isso, o PT no governo teve que abdicar progressivamente dos valores de referência que lhe haviam aberto e aplainado o caminho do poder. A diferença na proposição de FHC é que destaca a importância de incorporar o cotidiano, suas necessidades sociais e sua consciência social peculiar a valores, fazer a articulação que remeta à dimensão histórica do projeto político, isto é, a dimensão transformadora. Portanto, uma trajetória oposta à do PT. Enquanto o PT abre mão dos valores contidos no marco propriamente histórico de sua ascensão política, o PSDB deveria situar sua ação política no marco do que é histórico e dos valores, do que é historicamente possível e necessário, do próprio ponto de vista da consciência popular. O partido como ponte entre a crua realidade das carências do dia a dia e os valores supracotidianos que dão sentido aos anseios sociais de mudança.

Enquanto o PT se deixa puxar para baixo nas concessões sem alcance histórico da consciência popular, FHC propõe que o PSDB puxe o povo para cima, para o elenco dos valores que afirmam a realidade e a possibilidade da mudança social e política. Nessa perspectiva, o cotidiano de referência do PT é o cotidiano da mera reprodução social, o da mera repetição, o das carências mínimas da sociedade. Enquanto o que FHC propõe ao PSDB é administrar a tensão histórica entre a repetição e a transformação, entre a permanência e a mudança, superando as carências mínimas em favor das possibilidades máximas do momento histórico. Pode-se dizer que, enquanto a orientação do PT no poder se configurou como *esquerdista*, isto é, ritual e ideológica, a que desafia o PSDB é a propriamente social-democrática, isto é, de *esquerda*, histórica e transformadora na circunstância atual.

No artigo de FHC, há um retorno à dialética, ou melhor, à sua explicitação, numa proposta de ruptura, e superação, com as tendências do repetitivo na política brasileira. A questão é saber se o PSDB tem condições de superar suas divisões para superar-se.

Sigilos que nos governam

Em conjuntura histórica de descrença em mandatos políticos, desgastados por escândalos e apurações malfeitas, a legitimidade de muitos representantes do povo está aquém do mínimo necessário para propor, defender e assegurar razões de Estado na manutenção de documentos públicos como secretos. Mesmo que não existam, é difícil acreditar que uma dose de razões pessoais não busque abrigo nas do segredo de Estado.

Num país em que nem sempre as razões de Estado são do Estado, em que público e privado se mesclam impunemente, como temos visto nos mensalões da vida, o debate sobre o tema corre o risco de cair num ofensivo cinismo. Quando se vê que estão envolvidas na querela sobre documentos secretos algumas das figuras implicadas, há algum tempo, na dos atos secretos do Senado e que foram cúmplices do regime dos decretos secretos da ditadura, não se pode deixar de ter dúvidas sobre o modo como a questão está sendo conduzida. Os atos secretos do Senado acobertavam nomeações irregulares de parentes e amigos de parlamentares para cargos públicos. Eram secretos, disseram, porque por distração deixaram de ser publicados no *Diário Oficial*. Já não nos importamos com a enormidade dessa justificativa desrespeitosa. Essa simpatia por governação secreta dá o que pensar e temer.

Dizer que é preciso manter secretos os documentos relativos à incorporação ao Brasil do território do Acre, que antes pertencera à Bolívia, é supor que somos, além de ingênuos, ignorantes. Só essa declaração de um senador já causa mais danos às relações entre o Brasil e a Bolívia do que a abertura do segredo de Estado relativo ao que foi, de fato, uma transação comercial. O Brasil comprou o Acre à Bolívia, para resolver uma situação de fato, do mesmo modo que os Estados Unidos compraram o Alasca à Rússia.

Dizer, ainda, que os documentos de determinado governo estão abertos à consulta pública, numa fundação em São Luís do Maranhão, tampouco diz algo que deva ser levado a sério. Esses documentos são basicamente cartas enviadas ao presidente da República pelos cidadãos. Porém, os documentos de Estado que possam ser objeto de segredo não estão lá.

Não só pode haver razões pessoais até discrepantes das razões de Estado no adiamento do acesso aos documentos protegidos pelo segredo, mas também razões de grupos e partidos que, tendo um dia dito uma coisa e agora dizem outra, literalmente oposta a convicções proclamadas e esperanças cultivadas. Desgraçadamente, a história da Nova República, assim batizada por Tancredo Neves para definir o regime que sucedeu o regime militar, tem tido seus episódios de estelionato eleitoral, em que se promete uma coisa e se entrega outra, oposta a de direito esperada com base em programas e públicas profissões de fé.

Nos debates destes dias, o alvoroço de políticos em assegurar que se mantenham secretos documentos que podem até dizer respeito à violação de direitos dos cidadãos enfraquece ainda mais o próprio regime político, precocemente desgastado. No mínimo, porque aí nos descobrimos mal representados e, sobretudo, expostos e sem direitos quanto a medidas de governo em cuja lisura nem sempre se pode acreditar. Aquela parcela da população dotada da lucidez política tão necessária ao exercício e à sustentação da democracia não poderá deixar de avaliar criticamente suspeitas decisões e suspeitas orientações quanto ao tema.

Convém ter em conta que o regime autoritário foi vencido em nome de valores que deveriam estar nos alicerces do regime atual. Particularmente em relação ao PT, que se proclamou partido ético, embora não fosse o único, e que radicalmente quis demarcar sua diferença em relação ao regime militar em nome da vítima. No entanto, nesse episódio dos documentos secretos, o recuo do governo é notório e injustificável. O que é uma aparente confusão vai se revelando mais um jogar verde para colher maduro e, em face da reação adversa, fazer a malconduzida e confusa manobra de retirada. Mas ficou na opinião pública a dúvida quanto às verdadeiras intenções dos envolvidos, e isso não tem conserto. O cidadão tem o direito de saber o que fizeram com ele e, ao que parece, continuam fazendo.

A presidente Dilma Rousseff não só recuou na questão dos documentos secretos, mas recuou ainda em relação à questão até mais grave da discutível anistia aos torturadores atuantes no regime ditatorial. Escorando-se numa decisão do STF, acaba de declarar que não pretende propor uma revisão da Lei de Anistia. Desde a campanha, Dilma vem recuando nessa questão e em outras questões relativas ao que foi um dia a bandeira que fazia do PT um partido novo e diferente. Já não o é. Pelas alianças feitas, pelas posições tomadas em questões referenciais para uma nova democracia no Brasil, desde Lula o PT vem negociando o inegociável e recuando para as concepções mais deploráveis de nossa história política e para o fisiologismo cujo repúdio, não nos esqueçamos, justificou a Revolução de Outubro de 1930.

Ficha limpa e política suja

A validação, pelo STF, da eleição de um senador do Pará, nas eleições de 2010, que havia sido impugnado com base na chamada Lei da Ficha Limpa, propõe-nos o tema mais amplo da legitimidade dos mandatos e da relação entre a sociedade e o Estado. Ainda que extraviada nos casuísmos interpretativos, nascida de um projeto de iniciativa popular e, portanto, de um movimento social, a Lei da Ficha Limpa é uma das expressões do poder subjacente da sociedade civil em face do poder do Estado. Impõe-lhe regulação e limite. Torna-se coadjuvante do Legislativo quando os que têm mandato não reúnem as condições para viabilizar a proposição e aprovação de uma lei socialmente necessária.

Em si mesma, a Lei da Ficha Limpa representa o pleito da sociedade civil para que eleições não sejam interpretadas pelos políticos como renúncia ao direito cidadão de vigiar e regular o modo como a representam. Filtra moralmente a atribuição de mandatos. A Lei da Ficha Limpa cria condições e limitações morais à apresentação de candidaturas maculadas previamente por atos incompatíveis com a lisura de quem deve falar, votar e decidir em nome do povo. Essa lei instituiu a precedência cidadã da biografia limpa.

Desde então, no entanto, certa inquietação quanto ao exato critério da aplicação da lei tem posto o país diante da suposição de que antes da lei não era necessário ser honesto, só depois dela. Ainda assim, com prazo de carência de um ano para adoção da honestidade como medida de honradez política. Esse não é o espírito da lei proposta. Transfere-se, pois, para o Judiciário a tarefa de decidir a data de inauguração da honestidade política no país. Tarefa difícil, como se vê na Suprema Corte dividida, a ponto de ter sido necessário que seu presidente votasse como duas pessoas, exercendo o direito do voto de qualidade para desempatar a pendência.

Isso, porém, não resolve o problema dos mandatos decididos no finalmente da Justiça, interrompidos uns e inaugurados tardiamente outros. Se a questão da legalidade das decisões é meramente numérica, no sai um e entra outro a questão de sua legitimidade é bem diversa. Ver-se-á isso agora: sai a senadora classificada em quarto lugar na votação do eleitorado do Pará e entra o senador classificado em segundo lugar, que teve quase três vezes mais votos do que ela. Uma e outro pertencentes a partidos ideologicamente opostos. Ela, no seu mandato, agora considerado indevido, deu votos, certamente, contrários aos que teria dado o agora devidamente eleito. Nos casos em que esses votos possam ter sido decisivos, aquilo que foi aprovado não o teria sido. A maioria, portanto, é uma ficção, o que alimenta a dúvida sobre a seriedade das leis: alguém é obrigado a cumprir uma lei sobre a qual pese essa dúvida de origem e de legitimidade?

No âmbito do Judiciário, outro processo pendente e correlato é o do mensalão. Um dos ministros da Corte Suprema alertou há alguns dias para o risco da prescrição próxima de alguns dos crimes envolvidos na denúncia. O processo se arrasta há quatro anos e o ministro que o examina, afastado do tribunal por motivo de saúde, ainda não ofereceu a seus colegas o seu voto nem dispõem eles de cópia do volumoso processo para se adiantarem em sua leitura e prepararem sua decisão. Ao fim e ao cabo, há o risco de que a cegueira simbólica da Justiça venha a ser de outra natureza.

A demora, porém, não modificará o aspecto mais problemático desse caso. Segundo indicavam as pesquisas eleitorais de 2006, o presidente da República não seria reeleito justamente em decorrência do caso rumoroso. No entanto, foi-o. O Bolsa Família, analisa o então porta-voz do governo, André Singer, em estudo recente, assegurou que a opinião eleitoral a ser manifestada nas urnas fosse contrariada pelos benefícios dessa política. Que foi, de fato, de estatização do coronelismo conformista do voto de cabresto. Com o Bolsa Família, o governo Lula deu um golpe magistral na tradição iníqua e antidemocrática do voto de sujeição nos ermos e periferias do país. Literalmente, desapropriou dos régulos e mandões de província uma base eleitoral dócil e vulnerável de 40 milhões de eleitores. A gratidão e o medo de perder o benefício fácil atrelam-nos, agora, ao continuísmo oficial, tudo feito dentro das normas limpas e higiênicas da lei. Mas a medida tem o seu preço, ao comprometer a rotação do poder entre os partidos, com a possibilidade de que a gente diferençada, como virou moda dizer, mantenha a sua hegemonia política como autora do voto livre e supostamente esclarecido.

A Lei da Ficha Limpa não alcança essa iniquidade política e seus correlatos efeitos eleitorais, pois não se trata de desonestidade no sentido estrito do termo. A demora no julgamento do mensalão e a relutância em relação à Ficha Limpa apenas retardam a depuração da política brasileira de seus vícios e manias. Demora que estende o Carnaval muito além dos três dias de farra que antecedem as penitências da nossa já longa Quaresma política.

Voto-desalento

A indicação de que cresceu a proporção de votos nulos nessas eleições propõe, mais uma vez, a questão da compreensão do significado do antivoto ou do abandono do título eleitoral para expressar omissão e desinteresse político por uma eleição. Essas variantes do desalento político do eleitorado constituem, provavelmente, a mais interessante revelação da manifestação eleitoral recente, até mais que o rearranjo de posições partidárias que a votação válida indicou. O eleitor desalentado, em suas diferentes formas de manifestação, está indicando o declínio do homem político e da própria política.

Abstenção, voto em branco e voto nulo parecem indicar uma gradação do desalento dos eleitores, daqueles que recusam desde a eleição propriamente dita, passando pelos que recusam os candidatos e partidos disponíveis e chegando àqueles que não só não se identificam com as alternativas oferecidas, como também se punem, anulando-se como eleitores ao anularem seu voto. Aqui, não é a recusa da cidadania nem a recusa de partidos e candidatos: é a recusa da política propriamente dita através de um gesto que será interpretado corretamente se interpretado como gesto político dos que não encontram abrigo nos canais partidários de expressão política.

É evidente que no interior da categoria dos aproximadamente 15% que se abstiveram nos colégios eleitorais mais importantes do país há desde os que, por idade, estão liberados de comparecer às urnas, como se diz, até os que, tendo mudado de município de residência, não providenciaram a mudança do domicílio eleitoral. Nos dois casos, o eleitor preserva seus direitos eleitorais, embora não os exerça. Pode mudar de ideia e votar, como pode, se quiser, providenciar a transferência do título em tempo hábil, processo simples e fácil. Portanto, quem anula o voto não está distante dos que votam em branco nem propriamente discrepa dos que se abstêm.

O voto em branco é um voto cidadão e é por isso voto válido. O eleitor cumpre seu dever, mas nega seu voto aos candidatos disponíveis. O voto nulo já é mais complicado e nem por isso deixa de ser legítima manifestação do eleitor, ainda que deplorável, porque expressa uma vontade política que não se materializa em nenhuma mensagem compreensível. O caso recente de sucedâneo do voto nulo foi o da acachapante votação do palhaço Tiririca, que se ofereceu explicitamente como candidato do deboche a deputado federal e foi eleito: "Vote em Tiririca que pior não fica". O eleitorado enviou à Câmara dos Deputados um representante que relembraria a seus pares, diariamente, o que deles pensa o eleitor.

Mesmo submetido à assepsia limitante da urna eletrônica, que impede os insultos e palavrões, o voto nulo é uma luz que fica muito mais vermelha numa eleição como esta se o somarmos aos votos em branco e às abstenções. Na cidade de São Paulo, os eleitores desalentados, 2.490.513, superaram em muito os dois primeiros colocados da votação válida: José Serra (PSDB) teve 1.884.849 votos, e Fernando Haddad (PT) teve 1.776.317 votos. No Rio de Janeiro, a vitória em primeiro turno de Eduardo Paes (PMDB/PT), com 64,6% dos votos válidos, fica muito menos significativa se levarmos em conta que o segundo colocado foi o eleitor desalentado, que não votou em ninguém – 1.472.537 eleitores, uma vez e meia a votação do colocado seguinte, Marcelo Freixo, do PSOL. Em Belo Horizonte, o fenômeno se repetiu. Marcio Lacerda (PSB/PSDB) teve 676.215 votos e foi eleito com 52,6% da votação válida; Patrus Ananias, do PT, teve 523.645 votos; enquanto os eleitores desalentados foram 576.673, ou seja, ficaram em segundo lugar. Em Recife, houve um fenômeno parecido. Geraldo Júlio, do PSB, foi eleito em primeiro turno com 51,1% dos votos; mas o segundo colocado, Daniel Coelho, do PSDB (245.120 votos), e o terceiro, Humberto Costa, do PT (154.460 votos), tiveram individualmente menos votos do que o número de eleitores desalentados – 283.279, que ficaram em segundo lugar. Em Salvador, os desalentados foram 589.437 eleitores, mais numerosos que os votos do primeiro colocado, ACM Neto, do DEM, que teve 518.976 votos, e de Pelegrino, do PSB/PCdoB, com 513.350 votos. O mesmo fenômeno ocorreu em Fortaleza, onde Elmano, do PT, teve 318.262 votos; Roberto Cláudio, do PTB, teve 291.740 votos; e Moroni, do DEM, teve 172.002 votos. Ali os eleitores desalentados foram 361.211, bem mais do que os votos do primeiro colocado. Em Porto Alegre, em que Fortunati, do PDT, foi eleito em primeiro turno com 517.969 votos, a segunda colocada, Manuela d'Ávila, do PCdoB, teve os votos equivalentes à metade dos eleitores desalentados, que somaram 282.048.

O fenômeno se repetiu, ou quase, em diversas outras capitais e em outros municípios emblemáticos. O que sugere uma crise da representação política, e mesmo o declínio dos partidos. Uma parcela ponderável dos brasileiros está tendo seus direitos políticos cassados por falta de um sistema partidário que dê efetivamente conta do que a representação política deveria ser.

Maquiavel em versão de província

O julgamento dos réus do mensalão nem faz a República mais republicana nem de fato põe fim à corrupção. O processo não toca no essencial, apenas no formal. Na despolitização endêmica que nos torna politicamente menores de idade, porque partidarizados, mas, de fato, não politizados, é pouco provável que em algum momento se chegue à raiz do problema. Ao senso comum, a desinformação sugere que, na política, mais um bando de batedores de carteira tentou assenhorear-se do dinheiro público em proveito próprio.

Para compreender a questão, no entanto, é preciso voltar aos tempos do regime militar, que preferiu manter a formalidade da lei para meros fins rituais. Cassou políticos, expurgou o Parlamento, exilou dissidentes, prendeu adversários, censurou os críticos, calou os discordantes, torturou e matou. Remendou e manteve a Constituição. Adaptou leis, revogou as inconvenientes e manteve as convenientes. Quando isso não bastou, criou os decretos secretos. Desmoralizou a concepção de lei.

De vários modos, os inconvenientes ocultos das leis convenientes iam mostrando a cara: a lei como instrumento de violação de direitos. O legalismo ditatorial teve um efeito perverso: disseminou a convicção de que a lei era legal, mas não era legítima. Germe da concepção de que expropriar quem tem para constituir o poder de quem não tem é que é legítimo. Em nome do poder, comprar a consciência dos venais também.

Com isso, o regime autoritário abriu uma fratura fatal em nossa realidade política. A ditadura foi combatida pela falta de legitimidade de suas leis, às quais eram atribuídas, com razão, todas as injustiças, sobretudo aquelas que vitimavam os pobres e desvalidos. Os longos anos do regime foram os do arrocho salarial, que abateu as condições de vida da classe trabalhadora e se tornou um dos fatores da grande transformação de mentalidade e de conduta política do operariado. Foram, também, os anos de transformação nas relações de trabalho no campo, com a disseminação do trabalho precário de boias-frias e clandestinos. Foram os anos do revigoramento do trabalho escravo na Amazônia. Estimativas fundamentadas indicam que, no mínimo, 200 mil peões escravizados trabalharam na derrubada da mata e na formação de pastagens naquela região. Foram os anos do amplo crescimento no número de cortiços e favelas em cidades como São Paulo. Foram os anos do indiscriminado e genocida contato com um grande número de populações indígenas isoladas, o que lhes acarretou degradação e desidentificação, como ocorreu com os kreenakarore e os waimiri-atroari.

Não foi, portanto, estranha a multiplicação dos movimentos populares, motivados pela consciência de que o que era legal não era legítimo. Não se reconheciam nas leis do regime. A convicção popular apontava que, por trás de tudo, estava o dinheiro. Ainda me lembro de um caboclo pobre na Amazônia explicando-me sua repulsa ao dinheiro: somando o valor das notas em circulação chegava ele ao 666 apocalíptico da Besta-Fera. O dinheiro e Satanás eram apenas face e contraface da mesma coisa.

Nesse meio, a pedagogia política dos movimentos sociais acabaria fundada na doutrina da legitimidade contra a legalidade. Uma articulada cultura política de fundo místico se constituiu e se difundiu. A política transitava agora no âmbito do que o historiador Edward Thompson chamou de economia moral, a mesma que movera o comportamento coletivo na Revolução Francesa. Nos grupos populares, foi muito difícil aceitar que mesmo a política partidária, resultante da distensão e da abertura, fosse uma alternativa legítima de expressão das carências sociais.

Boa parte dos que aderiram ao Partido dos Trabalhadores, nesses grupos, a ele chegaram divididos quanto aos limites de transigência do partido com o Estado e as leis. Todos se lembram de que o PT votou contra a Constituição de 1988, mas a assinou. Essa ambiguidade custará ao partido o distanciamento em relação ao poder e a crescente consciência de que para chegar ao governo teria que pagar um preço moral: a revogação de seu veto ao capitalismo e às leis que no entender de muitos de seus membros eram apenas instrumentos da iniquidade social.

O PT chegou à presidência em nome de uma ambiguidade política fundante, a dessa cultura da legitimidade contra a legalidade. Nos primeiros dias do governo Lula, um conspícuo representante dos setores religiosos do PT deixou claro que o partido chegara ao governo, mas ainda não conquistara o poder. O país já não tinha um projeto de nação. Mas o PT tinha um projeto de poder. Essas fraturas demarcarão a tortuosa trajetória do partido até os autos do processo judicial e o recinto da Suprema Corte. Houve militantes que julgaram lícito o ilegal em nome do que consideravam legítimo, o poder a ser conquistado e mantido. Maquiavel em versão de província. Enveredaram pelo caminho do que, à luz da lei, é corrupção, supondo que não o seria se em nome da legitimidade da revolução, na conquista da equivocada eternidade do poder.

O "ismismo" na UTI

Os "ismos" políticos têm sido comuns na América Latina: peronismo na Argentina, getulismo no Brasil, priismo no México. Designam momentos. Manifestações de populismo que, nos tempos da Segunda Guerra Mundial, eram a forma limitada de participação do povo no processo político. O oposto dos tempos da dominação oligárquica, da cidadania seletiva e restrita. Os trabalhadores atravessariam ainda os tempos da Guerra Fria cerceados nessa forma limitada de manifestação política, expressando-se na palavra de quem trabalhador não era, os burocratas da intermediação política e sindical.

Quando terminou a Guerra Fria, com o fim da União Soviética, a América Latina se viu politicamente enriquecida pela ascensão de partidos e grupos políticos que expressavam acima de tudo o querer de populações socialmente residuais. As que não dispuseram antes de canais próprios de expressão da vontade política. Eram aqueles grupos cujas carências não tinham tido abrigo na polarização artificial do pós-guerra, transformados agora em novos e diferentes sujeitos do processo político. Mas sujeitos estranhos aos quadros ideológicos e teóricos da política. A era pós-ditatorial, aquela que se seguiu às ditaduras militares dos anos 1970 e 1980, abriu, primeiramente, espaço para partidos de conformação europeizada e de ideologia mais ou menos social-democrática, modernizantes. Chegaram ao poder em diferentes países com a missão histórica de trazê-los para o mundo moderno, para os valores universais da cidadania, dos direitos sociais e dos direitos individuais. Cometeram, porém, o erro de ignorar aqueles grupos residuais e suas carências pré-modernas, seu modo comunitário de viver, sua mentalidade pré-política, sua ação política por meio dos movimentos sociais, o poderoso ativismo de seu atraso social e político. É verdade que, na perspectiva modernizante, não havia como conciliar a ideia de missão civilizadora com o tradicionalismo dos grupos humanos retardatários da história e confinados nas graves limitações de compreensão das mudanças e sua aceitação.

Os supostos representantes da civilização não conseguiram incorporar ao seu projeto político os supostos representantes da barbárie, uma polarização clássica dos dilemas latino-americanos. E vice-versa. Há cerca de dez anos, participei em São Paulo de um encontro de ex-presidentes de repúblicas latino-americanas que passaram por essa experiência e fizeram tardiamente a descoberta do erro cometido. Como ouvi de Carlos Mesa, da Bolívia, homem culto, com doutorado na França, filho de magistrado, que deixou a presidência nos tumultos sociais que acabariam levando ao poder Evo Morales, representante dos cocaleiros. Expressão do politicamente improvável, se visto na perspectiva das grandes tradições políticas.

O caso de Lula não é diferente. Sua trajetória difere completamente das trajetórias políticas brasileiras. Não só porque se trata de um líder sindical operário, mas também porque chega ao poder apoiado na aglutinação de grupos políticos com visões de mundo e orientações ideológicas contraditórias e interesses e projetos políticos desencontrados e até antagônicos. É o que vai levar ao desastre do mensalão e ao divórcio do lulismo em relação ao petismo. Uma expressão da nova realidade social e política brasileira. Como não é diferente o caso de Lugo, no Paraguai, bispo católico, que teve que deixar o sacerdócio e acabou tendo que deixar o poder, numa trajetória pouco republicana, pouco eclesiástica e até mesmo pouco política.

Cada um desses grupos da nova era política definiu o seu "ismo" — chavismo, lulismo, luguismo, sandinismo —, todos proclamando-se variantes do socialismo. É um novo populismo, diferente do populismo anterior porque já não tem como meta deixar-se manipular pelos políticos em troca de demandas sociais restritas. Diferente porque passou a querer o próprio poder. Essa mudança definiu uma era, que tem sido a era do "ismismo", isto é, dos "ismos" referidos à invenção de heróis fundadores, como o Chávez do chavismo e o Lula do lulismo. Ou referidos a heróis míticos da memória nacional, como o Sandino do sandinismo ou José Martí do socialismo cubano.

O "ismismo" pode estar chegando ao fim ou ao seu momento crítico justamente porque seus heróis não são imortais. Além do que, o carisma não é transferível, dizia Max Weber. O "ismismo" está nos hospitais e até nas UTIs, ou tem por eles passado com frequência, emblemáticos sinais de finitude: Fidel, Chávez, Lula, Dilma, o câncer cobrando seu tributo. Mas está também limitado pelos compromissos das políticas de coalizão e do poder compartilhado, mas corporativo. A visão política do mundo decorrente dessa politização fragmentária e personalista está contida no seu tênue discurso social, o da inclusão. Um discurso conservador que é também a nova expressão do capitalismo subdesenvolvido e terceiro-mundista. Seu projeto histórico é apenas, ou sobretudo, incluir e integrar. Não se trata de superar e de transformar, mas de aderir.

Impasse na terra

A não aprovação pela Conferência Nacional dos Bispos do Brasil (CNBB) de um documento relativo à reforma agrária e aos movimentos sociais a ela dedicados, Via Campesina e MST, indica que persiste na pauta da entidade a dúvida sobre a modalidade do envolvimento da Igreja nos rumos da questão agrária. O bispo que anunciou o adiamento do novo ponto de vista da Conferência Episcopal para 2014 sugeriu que há entre os bispos nem tanto diversidade de opiniões, mas desacordo quanto à reforma e ao apoio da Igreja aos movimentos sociais. Matéria de José Maria Mayrink, que acompanhou em Aparecida o desenrolar da assembleia episcopal, informa que o documento apresentado à consideração dos bispos foi impugnado porque de inspiração socialista, parcial e baseado em concepção excessivamente condenatória da propriedade da terra e do agronegócio. É antiga a recusa da CNBB em cair na tentação de subscrever manifestos partidários e ideológicos como se fossem seus. Mas, ao transferir para 2014 uma atualização de sua orientação quanto à reforma agrária e aos correspondentes movimentos sociais, mesmo que involuntariamente, desloca para o âmago da campanha presidencial do próximo ano sua manifestação sobre tema essencialmente partidário e político.

A CNBB, no entanto, embora cada vez mais distante do MST, é crítica em relação à tibieza do atual governo do PT quanto à reforma agrária. É significativo que se diga que há hoje no país 150 mil pessoas carentes dos benefícios da reforma, mais que o dobro do que as indicadas antes de o PT assumir o poder. O petismo fez uma indiscutível opção preferencial pelo agronegócio, reiteradamente proclamada pelo próprio Lula. Agronegócio que foi eleito pelos militantes católicos da luta pela reforma agrária como o principal inimigo das transformações sociais necessárias à redenção dos pobres da terra e ao reconhecimento de seus direitos sociais.

O cenário confuso fica no seguinte pé: os bispos querem restringir a amplitude dos conceitos empregados na sustentação do seu apoio à reforma agrária, querem penalizar menos. Caso do conceito de latifúndio. Querem, ao mesmo tempo, restringir na CNBB a influência de quem bispo não é. Já os ativistas católicos do MST e da Pastoral da Terra querem ampliar os conceitos, em particular o mesmo conceito de latifúndio, para ampliar o campo de sua militância e a abrangência da reforma. Por outro lado, o PT e seu governo, na origem e mesmo depois dependentes do apoio e do ativismo dos chamados "igrejeiros" (sua extensa ala católica e religiosa), por motivos opostos aos dos bispos, querem e precisam restringir o conceito de latifúndio e reduzir os alvos da reforma agrária, em nome de razões eleitorais e de razões de Estado, as da governabilidade. Qualquer tensão na delicada área da questão agrária pode atingir diretamente o extenso e contraditório arco de alianças da sua política de coalizão. O PT tem o governo, mas não governa, senão condicionalmente, pois não tem o controle pleno do poder que lhe toca. Depende do apoio e da troca de favores de grupos e partidos que lhe são ideológica e doutrinariamente opostos, como se viu no mensalão e mais recentemente no caso da extensa corrupção envolvendo a Petrobras.

O pronunciamento que sobre o assunto o episcopado prepara tem em vista atualizar o ponto de vista da Igreja no Brasil sobre os dramáticos desdobramentos sociais da questão agrária. A reforma agrária foi por ela assumida unicamente em nome da defesa dos direitos humanos,

nos anos 1970, e não em nome de um propósito de revolução social, que seria o assumido por seus setores mais identificados com o MST. A Pastoral da Terra é, para os bispos, uma pastoral de suplência, e não uma pastoral política e partidária. Foi essa suplência que levou a CNBB, em 1980, a lançar o documento *Igreja e problemas da terra*, cuja maior importância está em reconhecer, à luz da doutrina social da Igreja, a legitimidade das formas residuais e alternativas de ocupação e uso da terra, seja por povos tribais, seja por agricultores tradicionais. A postura da Igreja nesse documento acabaria influenciando a relativização do direito de propriedade na Constituição de 1988.

Complica o cenário o fato de que as oposições nada têm a dizer sobre o assunto, historicamente omissas em relação ao delicado tema do direito de propriedade e cegas à deformação decorrente da fragilidade do PT e das esquerdas que colocou as religiões no centro do protagonismo político da sociedade brasileira. Sem contar que, avessas à relevância política dos movimentos sociais, declinam por não reconhecer que desde o fim da ditadura há novos sujeitos do processo político brasileiro, que limitam a competência dos partidos e do próprio Estado. Os movimentos sociais não governam, mas sem eles tampouco governam os partidos. O impasse da CNBB é indicativo de que o imbróglio é imenso. A política no Brasil já não se faz segundo a lógica dos manuais franceses de Ciência Política. Tupã e Anhangá pedem a palavra em português com sotaque nheengatu, contra o galicismo de nosso modo postiço e alienado de fazer política.

De mãos lavadas

A novela de incertezas do mensalão começou com as omissões da Comissão Parlamentar de Inquérito da Câmara dos Deputados que investigou corrupção, mas não investigou conspiração. Foi atrás do trâmite do dinheiro sujo, mas não da própria sujidade de nossa política, que é o que explica o ilícito. Não tem sido diversa a orientação da sociedade, que, entre nós, historicamente age na redutiva e injusta concepção de que todo político é ladrão. Portanto, de que não há diferença entre ladroagem e delito político. Ladrão entre nós nunca é quem usurpa os direitos políticos do cidadão, quem sobrepõe o privado ao público, quem usa o poder para ter dinheiro e o dinheiro para ter mais poder. O processo que tramita no Supremo tem o inevitável viés de origem no Parlamento, mas no Supremo sofre correções, ainda que sutis e nem sempre compreensíveis.

O ministro Celso de Mello, em seu voto, fez extensa consideração sobre a natureza política do delito, de que transcrevo um trecho significativo:

Este processo criminal revela a face sombria daqueles que, no controle do aparelho de Estado, transformaram a cultura da transgressão em prática ordinária e desonesta de poder, como se o exercício das instituições da República pudesse ser degradado a uma função de mera satisfação instrumental de interesses governamentais e de desígnios pessoais.

Não nos iludamos. Não houve nenhum desvio de curso no andamento do processo, com o posterior desempate dado pelo mesmo ministro em favor do acolhimento da possibilidade dos embargos infringentes. Admitir a reiteração do direito de defesa, como fez o ministro, é um princípio basilar da ordem democrática e do próprio Direito. O que de modo algum significa inocentar previamente os acusados. É bem possível que desse desempate tenha saído um Brasil juridicamente diverso do que teria sido o Brasil de uma antecipação do Carnaval pelo envio imediato dos réus políticos à masmorra de seu castigo.

Aliás, os réus políticos desse caso demonstraram não estar distantes da mesma compreensão popular do que é a política, desse equívoco de interpretação, ao não considerar crime o crime que cometiam. Desacreditaram a política e seus próprios partidos. Acharam que o poder pode tudo. Chegaram a lamentar que a eleição de Lula à presidência da República, em 2002, fosse apenas uma vitória incompleta, e não uma acachapante aniquilação do adversário e das oposições. Um religioso, beatificado no processo que acabara de levar seu partido ao governo, queixou-se de que já tinham conseguido o governo, mas não o poder. Como se veria, teriam que, no governo, tomar o poder e o fariam pela via torta das alianças espúrias, pagando a venalidade dos que, nos diferentes partidos, se elegem fingindo ser o que não são, como se tivessem méritos que não têm. Mal percebemos que a República foi concebida entre nós para dificultar a clareza do processo político, para viabilizar a dominação pelo desconhecimento, para induzir ao erro sempre que o eleitor não redobre a atenção quando vota. A própria publicidade eleitoral é no mais das vezes extensa mistificação.

Nesse demorado julgamento do STF, o que se mostra é o que não se vê: as estruturas políticas arcaicas da sociedade brasileira gritando nas entrelinhas de judiciosos pareceres o atraso que nos amarrou ao tronco e ao pelourinho do passado escravista. Nelas está nossa identidade cindida pelo cativeiro e, também, pela duplicidade de consciência que nos legou a religiosidade repressiva da Contrarreforma e da Inquisição. Alguns juízes mencionaram expressamente a tensão pendular entre o tribunal e a rua, o duplo que nos ilude, nos despolitiza e nos devora.

Nas mesmas páginas de jornais que noticiam o excelso desempenho da Suprema Corte, todos os dias estão as pequenas e quase imperceptíveis notícias de linchamentos cruéis de gente comum pela crescente multidão que se antecipa à Justiça para fazer justiça com as próprias mãos. O Supremo temeu, com razão, o assédio da turba inquieta, menos pela intimidação física do que pela abundância de gestos e casos de justiçamento no lugar da justiça propriamente dita. Temeu que a ele se impusesse o código penal das ruas. Resistiu bravamente, ainda que descontentando os que concebem justiça como irreparável castigo.

O ceticismo popular desse longo tempo de espera por um resultado que finalmente levasse os que violaram não só a lei, mas também a moral política, às chamas da ira coletiva ficou fora dos autos e do acórdão. Há sempre risco da não compreensão de uma Justiça que julga mais a forma do que a substância, que se demora mais nas minúcias da gramática jurídica do que na essência política da violação julgada. Mas ela é, ainda, um modo de nos defendermos contra a barbárie que nos constituiu como povo. Mais julgamento em favor do que gostaríamos de ser do que propriamente do que somos. Pilatos, mais uma vez, lavou as mãos. Deixou para a maioria silenciosa decidir o destino dos réus no teclado frio da urna eletrônica.

A pauta escamoteada

Apesar das suposições, educação e saúde não tiveram forte visibilidade no elenco das demandas das manifestações de rua de meados de 2013. Os protestos elegeram como motivo e alvo a elevação das tarifas de ônibus, a corrupção política evidenciada, sobretudo, no caso do mensalão, as despesas astronômicas com a infraestrutura de eventos grandiosos, como a Copa do Mundo de 2014 e as Olimpíadas de 2016, e a má qualidade dos serviços públicos. A educação e a saúde públicas entraram neste último item, aparecendo em Brasília, mas não aparecendo no Rio de Janeiro.

Como é compreensível nos chamados movimentos coletivos, o comportamento de multidão tende a ser o das demandas difusas, surgidas no acaso dos reclamos suscitados na ocasião, um assunto puxando outro. Mas tende a ser também o momento da síntese expressiva dos tópicos de uma agenda de reclamações que todos carregam na memória à espera da oportunidade para torná-las visíveis e audíveis. Demandas sociais não explodem de repente.

A importância política dessas manifestações coletivas está no fato de que deram voz e visibilidade à maioria silenciosa, diferentemente do que ocorre nos chamados movimentos sociais. A quebra do silêncio se torna nessa hora um fato político, sobretudo porque contraria o coro dos cúmplices e bajuladores de voz programada para o amém que alegra os poderosos. Durante o regime militar, um novo sujeito político emergiu no cenário nacional, com demandas tópicas que incluíam reformas sociais. No decênio do petismo, outro sujeito político começou a germinar em silêncio, claramente antipartidário, o que bem indica a natureza da crise que protagoniza. Expressa o descrédito da política. Sendo os participantes desse novo movimento majoritariamente jovens, com acesso à internet e às redes sociais, é bastante evidente que se trata de manifestações da classe média, que já não reclama educação, mas se motiva na educação para o protesto. A educação gerou os manifestantes de agora, em vários momentos de sua ação indicando o protagonismo do manifestante contra o do militante.

Nas manifestações coletivas deste ano, vimos a tensão se deslocando do centro das cidades para a periferia e retornando ao centro, com os temas do protesto se modificando, acrescentados. Como se o deslocamento fosse uma caça de temas para enriquecer a indignação dos manifestantes e dar durabilidade ao que tende naturalmente a esgotar-se. Mas indício, também, de que um invisível estoque de descontentamentos permanece à espera de novas manifestações. Não emergiram antes porque os mecanismos de controle social o impediram. Alguns emergiram agora porque esses mecanismos perderam a eficácia.

Educação e saúde entraram mais no rol das respostas do governo ao protesto do que no próprio protesto. O programa Mais Médicos acabou funcionando como tentativa de dar a volta por cima das inquietações de rua, para aplacar uma demanda permanente por saúde pública de qualidade, uma verdadeira medicina social, como há em outros países. É uma tentativa do governo de administrar o conflito, cujo acerto dependerá de tempo para que a clientela desse serviço possa experimentá-lo, testá-lo e avaliá-lo. Como técnica, esvazia esse item do protesto e adia o seu desfecho. Resta saber por quanto tempo. Médico sem satisfatória infraestrutura de saúde pública é pouco mais do que um curandeiro.

Na área da educação, a questão é mais complicada. Há uma crescente demanda de ensino superior, mas nenhuma explícita demanda de melhora nos ensinos elementar e médio. É aí que se situa o cerne da crise da educação brasileira. As avaliações anuais das escolas não permitem otimismo. Por outro lado, no contraponto do crescimento numérico das escolas superiores, o próprio ministro da Educação vetou o vestibular em mais de duzentos cursos superiores, dado que aquém da qualidade que superiores os tornaria. A falta de um verdadeiro projeto nacional de educação se revela nessas incongruências. Mas se revela, também, num programa como o Ciência sem Fronteiras, que envia alunos de graduação ao exterior para uma temporada, sem clareza quanto ao que isso acrescenta em sua formação.

Na sequência das manifestações, houve finalmente a invasão da reitoria da Universidade de São Paulo, com a ocupação e depredação de cinco andares do prédio e prejuízos avaliados em 2,4 milhões de reais. O tema foi a questão do poder na universidade, não a eventual questão do ensino e da educação. A melhor universidade brasileira foi objeto de uma manifestação que, rigorosamente falando, nada teve a ver com demanda por educação ou melhora da educação superior. Foi um desdobramento residual e antagônico das manifestações de rua e tentativa de implantar demanda ideológica e partidária no interior de um movimento justamente contrário a isso. Os manifestantes, porém, que falaram pela maioria, já haviam deixado as ruas e se calaram diante do vandalismo antieducacional e antipolítico dos militantes da minoria. Expuseram assim seus limites, insuficiências e contradições.

Pela entrada social

Parentes dos presos do Presídio da Papuda, na maioria mulheres, protestam contra os privilégios da gente diferençada que ali recém-chegou em decorrência das sentenças do STF no processo do mensalão. Os visitantes dos novos presidiários estão imunes a demoras e humilhações a que são regularmente submetidos os visitantes dos outros presos, especialmente mães, irmãs, esposas ou companheiras. Todas tratadas como suspeitas, revistadas, examinadas, fiscalizadas, além do martírio da longa espera, que começa de madrugada, nas filas intermináveis.

Na facção da nova humanidade do presídio, alguns dos presos ainda retêm o direito de serem tratados por "vossa excelência". Romarias de outras tantas excelências, que chegam em carros oficiais e são recebidos no ambiente diferençado da direção da cadeia, com direito a cafezinho e água gelada, despertam a curiosidade e o ressentimento dos comuns. Os visitantes dos presos diferençados não são suspeitos. Não passam por revista. É que, ao contrário da sina das mães da porta da Papuda, eles são os pais da pátria. Era o nome que solenemente recebiam os patriarcas de antanho, senhores de cabedais, de gente e de poder, os intocáveis e insubmissos.

É o que faz daquilo um laboratório para estudos sociológicos sobre diferenciação social. Se alguém quiser saber o que é pós-modernidade, é só ficar de olho nos portões da Papuda. Poderá observar ao vivo e em cores como no Brasil a cidadania não liquefaz as graves diferenças sociais que nos atormentam desde sempre, não derrete as barras de ferro das separações sociais, embora todos sejam legalmente iguais.

A nova realidade social e política do presídio gera a distinção social entre a "gente diferençada" e a "gentalha", separadas pelo fio da navalha do direito: os que são mais e têm mais do que o direito concede e os que são de somenos e têm menos do que o direito pode conceder. Lembrando frase famosa de ministro do Trabalho oriundo das hostes sindicais, "bicho também é gente", pode-se dizer que "gente também é gente".

Coisa de que nos esquecemos com facilidade, ainda referidos que somos, em nossos relacionamentos, às estruturas sociais profundas, estamentais, das desigualdades radicais, que conformaram a sociedade brasileira desde os tempos da Conquista. Inicialmente, em relação aos índios descidos do sertão e submetidos ao cativeiro, houve durante largo tempo sérias dúvidas, entre a gente de prol, como se dizia, se tinham alma ou não. Ou seja, se eram gente ou não ou se eram meros símios da mata. E isso não está tão longe assim. Não faz mais que 20 anos, num povoado à beira do rio Araguaia, interpelei um menino mestiço que insultava um índio karajá, que passava cabisbaixo. Perguntei-lhe por que fazia aquilo, se o índio era gente como nós. "É, não!" – respondeu-me. "Ele é gentio, e eu sou cristão." Vemos aí, claramente, qual foi a argamassa que cimentou os alicerces do lado esdrúxulo da sociedade brasileira.

Durante séculos, os artesãos foram considerados de qualidade social inferior porque trabalhavam com as próprias mãos. Não faziam parte do rol dos homens bons, a chamada gente de qualidade, para que pudessem ocupar funções nas câmaras municipais. O ócio dignificava, não o trabalho, que minimizava. Com a República, todos se tornaram iguais perante a lei, mas alguns se mantiveram ou se tornaram mais iguais, para lembrar uma frase inspiradora de George Orwell em *A revolução dos bichos*. Além do mais, tudo tem que mudar para que tudo permaneça como estava, é o que nos lembra Lampedusa, em *O leopardo*.

Temos por aí outros sinais dessas persistências. Quem for preso, por algum motivo, enquanto não for julgado e condenado, se tiver curso superior terá direito a prisão especial. Nada de ficar naquela montoeira de gente que se apinha nas delegacias de polícia, com menos ar por metro quadrado do que o necessário. Se alguém respirar mais fundo, pode asfixiar seus vizinhos de cela.

Os diferençados, aliás, vêm sendo tratados como heróis nacionais. Inocentados no berro, têm a contrapartida dos acólitos que se vingam satanizando a Justiça, em particular satanizando o ministro Joaquim Barbosa, presidente do STF. Ora, não foi Joaquim Barbosa o autor dos fatos que, pela primeira vez na história do Brasil, resultaram na diferenciação social da população carcerária do agora mais notório presídio brasileiro.

A sociedade de classes, centro das reflexões de ilustre petista e sociólogo mais ilustre ainda, o professor Florestan Fernandes, finalmente chega à prisão. O Brasil dividido e hierárquico também está lá. Não é mais prisão de uma classe só. O protesto do povão mostra que não entendeu o caso do mensalão, que o Brasil dos privilégios mudou sem mudar. O petista gaúcho Olívio Dutra usa a ótima expressão "sucessão de malfeitos" para dar nome aos fatos originários do processo do mensalão. O que quer dizer coisa de imaturos, de gente que brinca com o que não deveria brincar. Diferentes dos presos das mães da porta da prisão.

Revolta do vintém

Propor uma Constituinte neste momento é propor um golpe contra a Constituição, que é boa, abrangente e inovadora. O povo não foi às ruas pedir um golpe de Estado. Foi às ruas pedir o cumprimento da lei. Convocar um plebiscito para votar as políticas a serem adotadas em relação aos problemas levantados agora pelas multidões pode ser um sinal de fraqueza e insegurança. O plebiscito já foi feito, nas ruas.[1]

O que está acontecendo nestes dias não tem dimensão partidária, a não ser por implicação. Desenrola-se no plano da indignação moral acumulada em anos de abusos dos políticos contra o interesse público, desdém pelas carências populares, pouco caso pela inteligência da população em obter, processar e compreender a informação cada vez mais acessível a todos. No plano moral, os manifestantes antepuseram a nação aos partidos. O Brasil foi às ruas exigir do governo um projeto de nação, e não um projeto de classe social; políticas para todos, e não para facções partidárias, grupos corporativos e grupos de pressão.

Cartazes, palavras de ordem, monumentos e edifícios visados, símbolos atingidos mostram que o Brasil das ruas exige que a política se sujeite à moral e aos bons costumes, que os valores sociais e éticos sejam antepostos aos interesses antissociais da economia escusa e do poder corrupto. O povo foi às ruas para dizer ao governo e à sociedade o que deve vir antes e o que deve vir depois; que a educação, a saúde, os direitos sociais, a vida e o bem-estar de todos são mais importantes do que o futebol monumental da Copa do Mundo, das despesas bilionárias, do espetáculo para inglês ver, mais importantes do que as obras faraônicas e inacabáveis. Tudo indica que a era das esperanças messiânicas e do silêncio cúmplice está chegando ao fim.

Os manifestantes questionaram a política de pão e circo. Fizeram a crítica ruidosa da política de coalizão e cumplicidade, do Estado fragmentado e loteado, dos favorecimentos, do toma lá e dá cá, do poder pelo poder. A rua disse aos poderosos que o poder é do povo, que o mandato é representação política, e não privilégio de casta. É temporário e precário.

Eleição, no Brasil, tem sido uma renúncia, a vontade política do povo sequestrada pelos eleitos e pelos partidos, que raramente representam o eleitor de vontades e carências, representando muito mais os grupos de interesse que o instrumentalizam. O poder do lobismo junto aos parlamentares e ao governo confirma essa distorção. O sistema político brasileiro tornou-se um sistema de silenciamentos e cumplicidades. A crítica social foi inviabilizada pelos donos oficiais da verdade, seja a crítica popular, seja a crítica profissional dos especialistas. O cala a boca virou instrumento de dominação. Partidos e movimentos sociais organizados ignoram ou desqualificam as interpretações que não venham de seus próprios quadros. Não há debate. Criou-se no Brasil o mero teatro da participação política e a real exclusão da diversidade e das demandas sociais emergentes, as que não foram capturadas pelo sistema de conivências, cumplicidades e temores. Um extenso silêncio acumula, na verdade, um elenco extenso de demandas sociais não reconhecidas nem pelo governo, nem pelos partidos, nem pelos grupos de mediação que fecharam os canais de comunicação entre o povo e o poder.

Esse sistema político deteriorado está claramente presente na crítica contida nos descontentamentos destes dias. Uma grande massa de silenciados no cotidiano encontrou uma brecha para gritar suas diversificadas e desencontradas demandas e manifestar sua crítica do poder e dos governos. Num regime político baseado em pautas de negociação de grandes quantias e grandes porcentagens, foi uma simples demanda de redução de 20 centavos na tarifa dos ônibus que disseminou a revolta, aglutinou o elenco das pequenas demandas sociais e fez emergir um novo sujeito político: o das demandas residuais tratadas como irrelevantes.

A nova revolta do vintém colocou no centro do processo político brasileiro a fome de palavra e a fome de direitos sociais. Trata-se de uma nova pobreza, a pobreza de direitos, nos abusos que reduziram o transporte público a uma punição, a educação a uma condenação à falta de destino e de futuro, a saúde pública a uma doença. Henri Lefebvre, eminente sociólogo francês, estudioso da revolta estudantil de 1968, foi quem trabalhou teoricamente a revolta dos subterrâneos, a insubmissão das demandas que não foram capturadas pelo poder, a coalizão dos resíduos do que não encontrou canal de expressão nos meios políticos e institucionais. Aqui, também, o fato de que as manifestações não se enquadram em nenhum dos esquemas convencionais de interpretação sugere que estamos em face da irrupção do descontentamento dos que não foram contemplados pelas políticas sociais dos governos. A demagógica e ilusória prioridade aos pobres deixou de lado a classe média e suas demandas também justas e cidadãs. Os órfãos de políticas sociais foram às ruas, cercaram os palácios e querem já uma revisão do poder e da concepção de poder.

Nota

[1] Uma oportuna e necessária proposta de compreensão sociológica de urgência das agitações de 2013 é a de Maria da Glória Gohn, *Manifestações de junho de 2013 no Brasil e praças dos indignados no mundo*, Petrópolis, Vozes, 2014.

Incertezas da hora

O embaralhamento do quadro eleitoral de 2014, com a alteração do elenco dos que disputam a presidência da República, vai muito além do que pode sugerir o cálculo de probabilidades políticas com base na fugaz opinião eleitoral das consultas. É compreensível, com a mudança do cenário, que se recalcule a chance de Dilma Rousseff ante o fato de ser também Marina Silva geneticamente petista e de ter tido quase 20 milhões de votos na eleição em que disputou o governo já por outro partido. Marina é residualmente Lula. Ou que se recalcule o destino de Aécio Neves, que, com a mudança, se desloca para uma posição que lhe muda o perfil e que não é mais a confortável posição de centro. Independentemente da opinião dos eleitores, na hora de votar, tudo é relativo, mesmo em política.

A grande questão é a de saber como estão se movendo os constituintes desses candidatos e dos partidos que por meio deles falam e como se moverá no poder aquele que dentre eles for o escolhido. O passado, e certamente o passado próximo, nunca deixou de influir em nosso processo eleitoral. Não para eventualmente continuar, mas também para romper e tentar mudar. Marina Silva personifica, a seu modo, o que resta da eleição de Lula em 2002. Sua extração social é dessa grande massa de órfãos do poder que se tornaram cidadãos nas entrelinhas de um processo histórico tumultuado. Não será estranho se o eleitor, por meio dela, cobrar os débitos de Lula.

Esse povo residual ganhou visibilidade no período do regime militar, de 1964, como personagem dos movimentos sociais e, em particular, dos movimentos populares. A redemocratização de 1986 permitiu-lhe emergir como novo e decisivo sujeito do processo político brasileiro. Foi ele que pesou em 2002 e, ainda, em 2010. O próprio fato de que duas mulheres disputem a eleição, com real possibilidade de uma delas vencer, já é eloquente expressão das mudanças pelas quais o país passou ao longo da história recente. A humanidade política desta eleição de 2014 é completamente diferente da humanidade política de 1889, ou mesmo de 2002. Os novos sujeitos do processo político metamorfosearam-se. Os que não foram capturados pelas tentações do poder e pelo conformismo cúmplice perderam a cara e as ilusões e ganharam a máscara na identidade difusa de um querer mais difuso ainda. As identidades corporativas estão sendo postas em xeque.

O maior alargamento do conceito de cidadão, nos anos recentes, não significou, necessariamente, ganhos republicanos. Provavelmente porque faltou agregar-lhe a educação política que de fato fizesse desse cidadão meramente conceitual o concreto cidadão que os antigos chamavam de cidadão prestante, isto é, devotado ao bem comum por meio da política.

A política brasileira não se alicerça em partidos ideológicos e doutrinários, mas em aglomerações de interesse político de relativamente curta duração. O que acentua o protagonismo de grupos sociais de identidades construídas sobre traços superficiais, de conjuntos humanos não decisivos, mas influentes, que pouco têm a ver com a política propriamente dita: os evangélicos, os sindicalistas, os sem-terra, os sem-teto, os ambientalistas, os excluídos, e assim por diante. São identidades dos incapturados pelas arcaicas anomalias do processo político brasileiro, os inconformados. Esses grupos têm tido crescente influência na política.

Nesta eleição de 2014, deve-se acrescentar os jovens e os identificados com as manifestações de 2013, um grupo singular que capturou o imaginário dos brasileiros e que se expressa no protesto difuso, mas que parece ter um núcleo de consistência ao modificar, nestes últimos dias, os resultados das pesquisas eleitorais em favor da candidata recém-chegada. Já não são os pobres e excluídos de 2002 que vão protagonizar a eventual mudança, mas os jovens radicais da classe média ascendente. Em 1994, a esperança cultivada durante a ditadura finalmente triunfou. Em 2002, o ressentimento acumulado com a derrota de um projeto popular alternativo teve o seu triunfo, e no poder próprio, a sua derrota. É possível que 2014 seja o ano da frustração, dos desiludidos com as promessas não cumpridas na eleição de 2002 e com os óbvios recuos da eleição de 2010. Porém, é ele o frustrado ativo, que vota porque recusa. Um radical do gesto, mas não da política ou da política apenas como teatro.

Nesse plano, os perigos são mais do que óbvios. Em primeiro lugar, porque o eleitorado vai às urnas consciente de que programas de governo já não são programas para governar, mas programas para ter poder. Em segundo lugar, porque nem os candidatos, nem seus partidos têm um projeto de nação. O que foi forte na formulação das esperanças que levaram ao fim da ditadura deixou de comparecer à política brasileira. A crua realidade das razões de Estado e a do imperativo das razões de mercado tiveram um efeito corrosivo sobre a utopia que finalmente nos aglutinara, a da esperança num mundo novo de justiça, fartura e alegria.

O povo brasileiro

Os últimos anos colocaram na cena política brasileira uma significativa reelaboração do conceito de povo. Num país em que, desde 1889, povo é abstrata designação de um ente vago e não identificável, parece que finalmente o povo vai revelando uma cara, uma vontade política e um protagonismo concreto. Tudo ainda incompleto, mas significativo. Vivemos um momento interessante, de grandes mudanças sociais e políticas, cujo desfecho não sabemos qual será.

Desde a proclamação da República, uma dúvida paira sobre o Brasil. A primeira Constituição brasileira, de 1824, foi escrita em nome da Santíssima Trindade,[1] e não em nome do povo. Sociedade escravista, proporcionalmente reduzida a um pequeno número de pessoas que poderiam assumir as funções de cidadãs, era mais seguro pedir a Deus que inspirasse nosso primeiro texto constitucional do que pedi-lo ao povo inconstituído e sem identidade. Além do que, por sim ou por não, nem todos os supostos escassos cidadãos tinham direitos iguais. Só os de maiores cabedais podiam votar em todas as eleições, das municipais às provinciais e às gerais. Titulares de cabedais maiores, praticamente todos senhores de escravos (que, no geral, eram tratados como animais de trabalho), votavam em todos os níveis eleitorais. Os de cabedais médios votavam nas eleições provinciais e municipais, e os de cabedais menores, apenas nas eleições locais. O resto, e literalmente a palavra é essa, não votava, não tugia nem mugia, como era comum dizer: as mulheres, os menores de idade, os escravos e muitos mais, tratados como ínfimos, os insignificantes, a gente de somenos importância, como então se dizia.

A República, fantasiosamente concebida como extensão ao Brasil da Revolução Francesa, com o atraso de um século, inaugurou entre nós a categoria "povo". Mas o povo era aí apenas uma hipótese, uma vontade abstrata de ricos e poderosos. A Constituição de 1891 nos diz que os constituintes se reuniram em nome do povo, e não mais em nome da Santíssima Trindade. Um corajoso passo emancipador na direção da secularização e da separação entre Estado e religião, uma via indireta de libertação do povo da tutela religiosa, caminho para a emergência do povo propriamente dito.

É verdade que, ao mesmo tempo que a concepção de povo se refina, essa civilizada separação política vem regredindo em nossos dias. Uma grave violação dos princípios republicanos vem sendo observada todos os dias no que às religiões se refere. Não só evangélicos de várias Igrejas querem impor à República suas convicções religiosas particulares, como na realização de cultos e celebrações religiosas no recinto do Parlamento; mas também os católicos abusam do princípio republicano, como se viu há alguns anos quando uma "visita" de uma imagem de Nossa Senhora de Nazaré, trazida de Belém do Pará, um mês antes do Círio famoso, fez, segundo a crença popular, o milagre de salvar o mandato de um senador que estava na iminência de perdê-lo. Ou, pior, candidatos a funções no Legislativo e no Executivo têm ocupado púlpitos de diferentes Igrejas para o proselitismo eleitoral. Nisso se revela que o povo que tolera essas violações empobrece a categoria povo que deveria presidir nosso processo político. Não só a Justiça se fazendo de muda, mas também as Igrejas fazendo-se de surdas.

O povo dessas e das Constituições seguintes nunca foi a totalidade da nação que muitos supõem, seja no silêncio e na reclusão da moradia, seja nas manifestações de rua, mesmo as de cívicas reivindicações e de protestos e seu famoso grito de guerra: "O povo unido jamais será vencido". O povo está sempre desunido, mesmo nessas marchas. A união da unanimidade não seria mais do que anulação das diferenças de modos de ser e de opinião. Seria apenas a unidade fascista do silêncio. A riqueza política nessa diversidade é também indefinição que empobrece a política. É verdade que, nas diferentes sociedades, só excepcionalmente o povo age como povo. Aqui também. Povo é uma categoria de exceção.

As Constituições posteriores à de 1891 e anteriores à de 1988 foram pingando, muito lentamente, alargamentos da concepção de povo. Só em 1985, no término da ditadura, uma emenda constitucional assegurou aos analfabetos o direito de votar, o que foi confirmado pela Constituição de 1988. Só então se tornaram cidadãos. As mulheres só exercitaram o direito de votar em 1933, e só em 1934 uma mulher se tornou membro da Câmara dos Deputados.

Passaram-se dois séculos da Revolução Francesa até que o princípio da igualdade eleitoral se firmasse no Brasil. Somos uma nação tardia em relação aos parâmetros da democracia, aos valores republicanos e à própria concepção de povo como sujeito de direitos políticos e de soberania. Não é, portanto, surpresa que o povo brasileiro seja tão acentuadamente desajeitado no fruir dos direitos decorrentes dessa modernidade política cambaleante, incerta, insegura, manipulável. Os diferentes grupos fragmentários não conseguem atuar como diversidade do povo, como diferença, como os que querem e têm o direito de ser diferentes e ao mesmo tempo atuar como agentes da totalidade do povo: socialmente diferentes e juridicamente iguais. Só há povo e democracia quando a população consegue conciliar o modo de ser e de pensar das parcialidades dos diferentes grupos – sociais, partidários, religiosos, ideológicos – com a unidade das diferenças na ideia de nação.

Nossa lentidão na tomada de consciência das insuficiências e das incertezas da política é emblemática. A demora entre os fatos que prenunciam a crise e a manifestação da própria crise é sempre larga, o que retarda as rupturas radicais, mas, ao mesmo tempo, incrementa os defeitos constitutivos do nosso republicanismo incompleto. Só agora, na nova onda de manifestações antigovernistas, de 16 de agosto de 2015, ficou completo o quadro das personagens que a consciência popular pode reconhecer como responsáveis ou potencialmente responsáveis pela crise política. Só agora Lula foi incluído no elenco dos atores reconhecidos, quando ele próprio dava sinais de apreensão com essa possibilidade já em 2005, quando do episódio do mensalão. Lula tem revelado enorme competência para interpretar as fantasias e devaneios populares e sabe mais que ninguém quando termina o fantasioso e começa o real. O duplo ser da política brasileira, que ele personifica, foi finalmente refundido e reconciliado na unidade de sua origem. Não se trata apenas dele, mas do próprio partido que por meio dele tem se expressado, que dele se valeu para chegar ao poder e para as artimanhas de permanecer nas funções do mando político. Assim como, na morte de Che Guevara, o rito do rompimento do véu do tempo inaugurou um novo tempo político na América Latina, o dos novos sujeitos do processo político, as crises de vários de seus países o estão encerrando. No Brasil, como é da tradição local, na agonia das incertezas da partidarização sem politização.

Nota

[1] É corrente a suposição de que José Bonifácio de Andrada e Silva, o pai da independência do Brasil, teria preferido "império" e "imperador" a "reino" e "rei" em nome da força simbólica da figura do imperador do Divino Espírito Santo na religiosidade popular brasileira, o que persiste até hoje. Na noite de 7 de setembro de 1822, em recepção na Casa da Ópera, em São Paulo, o padre Ildefonso Xavier Ferreira dirigiu-se ao príncipe Dom Pedro de Alcântara, que naquela tarde proclamara a independência, e aclamou-o rei do Brasil. Pouco mais de um mês transcorreu até 12 de outubro, quando Dom Pedro foi aclamado imperador, tempo suficiente para a tomada da decisão por império, e não por reino. O imperador do Divino está no centro de concepção religiosa originada das ideias do monge cisterciense Gioacchino Da Fiore (1130-1202), que pressupunha o advento do tempo do Espírito Santo, um tempo de fartura e de alegria. Admitindo a procedência dessa informação, sou tentado a supor que na Carta Constitucional outorgada em 1824 a invocação da Santíssima Trindade tenha a mesma origem, já que a Trindade representa a sucessão dos tempos da história e o Espírito Santo, o cumprimento da promessa do tempo da libertação.

Créditos do capítulo

"Os 'carolas' do ABC" foi publicado originalmente em *O Estado de S. Paulo*, caderno Aliás, a semana revista, 15 nov. 2009, p. J5.

"Nas urnas, o confronto de mentalidades" foi publicado originalmente em *O Estado de S. Paulo*, caderno Aliás, a semana revista, 27 dez. 2009, p. J4.

"Rei morto, rei posto" foi publicado originalmente em *O Estado de S. Paulo*, caderno Aliás, a semana revista, 9 jan. 2011, p. J5.

"Vice-presidentismo" foi publicado originalmente em *O Estado de S. Paulo*, caderno Aliás, a semana revista, 30 jan. 2011, p. J6.

"Mínimo de palanque" foi publicado originalmente em *O Estado de S. Paulo*, caderno Aliás, a semana revista, 13 fev. 2011, p. J5.

"Opção pelo emergente" foi publicado originalmente em *O Estado de S. Paulo*, caderno Aliás, a semana revista, 24 abr. 2011, p. J3.

"Sigilos que nos governam" foi publicado originalmente em *O Estado de S. Paulo*, caderno Aliás, a semana revista, 19 jun. 2011, p. J3.

"Ficha limpa e política suja" foi publicado originalmente em *O Estado de S. Paulo*, caderno Aliás, a semana revista, 18 dez. 2011, p. J3.

"Voto-desalento" foi publicado originalmente em *O Estado de S. Paulo*, caderno Aliás, a semana revista, 14 out. 2012, p. J4.

"Maquiavel em versão de província" foi publicado originalmente em *O Estado de S. Paulo*, caderno Aliás, a semana revista, 18 nov. 2012, p. J3.

"O 'ismismo' na UTI" foi publicado originalmente em *O Estado de S. Paulo*, caderno Aliás, a semana revista, 13 jan. 2013, p. J7.

"Impasse na terra" foi publicado originalmente em *O Estado de S. Paulo*, caderno Aliás, a semana revista, 21 abr. 2013, p. J3.

"De mãos lavadas" foi publicado originalmente em *O Estado de S. Paulo*, caderno Aliás, um outro olhar, 22 out. 2013, p. E3.

"A pauta escamoteada" foi publicado originalmente em *O Estado de S. Paulo*, caderno Aliás, um outro olhar, 29 dez. 2013, p. E8.

"Pela entrada social" foi publicado originalmente em *O Estado de S. Paulo*, caderno Aliás, um outro olhar, 1º dez. 2013, p. E9.

"Revolta do vintém" foi publicado originalmente em *O Estado de S. Paulo*, 30 jun. 2013, p. E3.

"Incertezas da hora" foi publicado originalmente em *O Estado de S. Paulo*, caderno Aliás, um outro olhar, 24 ago. 2014, p. E11.

O texto inédito "O povo brasileiro" foi escrito em 2015.

O autor

José de Souza Martins é um dos mais importantes cientistas sociais do Brasil. Professor titular aposentado de Sociologia e professor emérito da Faculdade de Filosofia, Letras e Ciências Humanas da Universidade de São Paulo (FFLCH-USP), foi eleito *fellow* de Trinity Hall e professor da cátedra Simón Bolívar da Universidade de Cambridge (1993-1994). É mestre, doutor e livre-docente em Sociologia pela USP. Foi professor visitante na Universidade da Flórida (1983) e na Universidade de Lisboa (2000). Foi membro da Junta de Curadores do Fundo Voluntário da ONU contra as Formas Contemporâneas de Escravidão (Genebra, 1996-2007). Professor *Honoris Causa* da Universidade Federal de Viçosa, doutor *Honoris Causa* da Universidade Federal da Paraíba e doutor *Honoris Causa* da Universidade Municipal de São Caetano do Sul. Autor de diversos livros de destaque, ganhou o prêmio Jabuti de Ciências Humanas em 1993 – com a obra *Subúrbio* –, em 1994 – com *A chegada do estranho* – e em 2009 – com *A aparição do demônio na fábrica*. Recebeu o prêmio Érico Vannucci Mendes do Conselho Nacional de Desenvolvimento Científico e Tecnológico (CNPq), em 1993, pelo conjunto de sua obra, e o prêmio Florestan Fernandes da Sociedade Brasileira de Sociologia, em 2007. Pela Contexto, publicou os livros *A sociabilidade do homem simples*, *Sociologia da fotografia e da imagem*, *Fronteira*, *O cativeiro da terra*, *A política do Brasil lúmpen e místico*, *A Sociologia como aventura*, *Uma Sociologia da vida cotidiana* e *Linchamentos*.

GRÁFICA PAYM
Tel. [11] 4392-3344
paym@graficapaym.com.br